AF523084

CASPAR DAVID FRIEDRICH

TRIFFT

DICHTER DER ROMANTIK

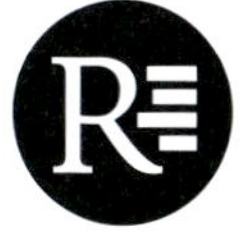

CASPAR DAVID FRIEDRICH
TRIFFT
DICHTER DER ROMANTIK

Herausgegeben von
Michael Grus

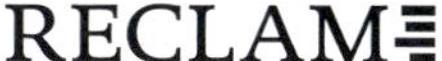

RECLAM

2., überarb. Auflage

2020, 2022 Philipp Reclam jun. Verlag GmbH,
Siemensstraße 32, 71254 Ditzingen
Umschlagestaltung: Philipp Reclam jun. Verlag GmbH
Umschlagabbildung: Die Lebensstufen (um 1834), © akg-images
Druck und buchbinderische Verarbeitung: NEOGRAFIA, a. s.
Sučianska 39A, 038-61 Martin-Priekopa, Slowakei
Printed in Slovakia 2024
RECLAM ist eine eingetragene Marke
der Philipp Reclam jun. GmbH & Co. KG, Stuttgart
ISBN 978-3-15-011310-3
www.reclam.de

INHALT

Das Meer

Mondnächte

Wald und Gebirge

Wandel der Zeit

Abschied und Erinnerung

VORWORT

Zum Rundflug mit Panoramablick in sein historisches Jünglingsalter lädt der Dichter Joseph von Eichendorff (1788–1857) in einer Novelle ein, Schwindelfreiheit wird vorausgesetzt: »Blitzende Kirchturmspitzen, Morgenröte, Vogelschall, Glockenklang und Waldesrauschen, alles märchenhaft durcheinander wie ein wunderbares, unermeßliches Reich, das ich mir erobern sollte.« Man fühlt sich sogleich mitgenommen ins Element des Dichters. Im Garten singt das »schöne Nachbarskind mit den langen, langen, blonden Locken«; ferne Städte und blaue Berge bilden den Hintergrund, im Tal ein Fluss und zerreißende Nebel vervollständigen das Idyll. Doch die formelhafte Wiederholung der Landschaftsrequisiten weist schon darauf hin: Dieses Leben ist ein Traum, der Dichter erwacht in fremdem Land, »die Heimat war so fern, mein Haar ergraut, Vater und Mutter lange tot«.[1] Der Text ist eine Verlustanzeige, als Heimat bleibt die Literatur. *Unstern* (1839) heißt die unvollendet gebliebene Novelle, in der Dichtung und Wahrheit einander ergänzen und schon bei der Geburt in stiller, klarer Winternacht – »Jupiter und Venus blinkten freundlich auf die weißen Dächer« – mit dem Verweis auf die günstige astrologische Konstellation das literarische Erbe in Anspruch genommen und Goethe herbeizitiert wird.

Die Winternächte Caspar David Friedrichs sind hingegen kälter, Sterne durchdringen nur selten den Nebel. Und doch enthalten sie, manchmal wenigstens, eine Vision der Erlösung. Ein schicksalhaftes Ereignis in seiner Jugend wird von Freunden und Zeitgenossen immer wieder als Erklärung seines schwermütigen Naturells herangezogen: Als Friedrich dreizehn Jahre alt war, starb ein Bruder vor seinen Augen. »Den 8. 12. 1787 ist des Lichtgießers Friedrichs (des Vaters Adolf Gott-

---

1 Joseph von Eichendorff, *Werke in vier Bänden, Bd. 4*, S. 1474 und 1477.

lieb Friedrich) sel. Sohn, alt 12 Jahr, da er seinen ins Wasser gefallenen Bruder retten wollte, ertrunken.«[2] Die Eintragung im Kirchenbuch der Gemeinde St. Nikolai in Greifswald geht auf die näheren Umstände des Unfalls nicht ein. Nach einem Bericht von Carl Gustav Carus soll der ein Jahr jüngere Caspar David beim Schlittschuhlaufen auf dem Eis eingebrochen sein – die Rettungstat, die ihn überleben ließ, erwähnt Carus nicht. Carus berichtet außerdem von späteren Selbstmordgedanken des Malerfreundes, erklärt sie jedoch mit dem gegen sich selbst unnachgiebigen, selbstkritischen Naturell des Künstlers.

Von einer Begegnung im Sommer 1811 in ihrem Elternhaus in Ballenstedt berichtet Wilhelmine Bardua, die jüngere Schwester der Malerin Caroline Bardua (1781–1864). Caspar David Friedrich befand sich auf dem Rückweg von einer gemeinsam mit dem befreundeten Bildhauer Christian Gottlieb Kühn (1780–1828) unternommenen Harzwanderung:[3]

> Friedrich war damals in der Blüte seiner Künstlerlaufbahn. Seine Persönlichkeit wirkte ebenso interessant wie eigentümlich. Er war groß, stark gebaut, blond, von ernstem Ausdruck: eine echt nordische Erscheinung. […] Wie er in seinem Wesen erschien: still, verschlossen, weltscheu, absonderlich, tief denkend, voll warmer Liebe für Kunst und Natur – so waren auch seine Bilder: wunderbar einfach, melancholisch, eigentümlich, voll geistreicher religiöser Bedeutung.

---

2 Caspar David Friedrich, *Mit Selbstzeugnissen und Bilddokumenten, dargestellt von Gertrud Fiege*, Reinbek bei Hamburg [11]2011 (rowohlts monographien), S. 10.

3 *Jugendleben der Malerin Caroline Bardua. Nach einem Manuscript ihrer Schwester Wilhelmine Bardua*, hrsg. von Walter Schwarz, Berlin 1874, zitiert nach *Caspar David Friedrich in Briefen und Bekenntnissen*, hrsg. von Sigrid Hinz, 2., veränd. und erw. Auflage, München 1974, S. 191.

Der Hang zur »Schwermut« sei ihm wesenseigen, so fährt Wilhelmine Bardua in ihrer Beschreibung fort und bringt die starke Neigung zur Melancholie auch mit seiner äußeren Erscheinung, dem »enormen Bart« vor allem, in Verbindung. »Wer Friedrich noch einmal sehen wollte«, kolportiert sie einen Ausspruch des Dresdner Malers Ferdinand Hartmann, »solle sich beeilen, da er nächstens ganz zuwachsen werde«.

Etliche Äußerungen von Zeitgenossen, die Friedrich und seiner Kunst begegneten, ließen sich zu »physiognomischen Fragmenten« zusammenstellen, die Seelenlandschaften des Künstlers scheinen schon in dessen Gesicht und der äußeren Erscheinung vorgebildet zu sein. Einen Menschen, der die Tragödie der Landschaft entdeckt hat (»Voilà un homme, qui a découvert la tragédie du paysage«),[4] soll ihn David d'Angers (1788–1856) genannt haben. Carus führte den französischen Bildhauer 1834 während eines Besuchs in Dresden in Friedrichs Atelier. Künstler und Werk vermischen sich in solchen Erzählungen. Die schmucklose Kargheit der Werkstatt, so spärlich ausgestattet wie eine Mönchszelle, passt genau in diese Darstellung, die durch das schon 1811 entstandene Gemälde von Georg Friedrich Kersting (1785–1847) bestätigt wird. »Heute abend«, so berichtet d'Angers, »haben wir den Maler Friedrich besucht. Er selbst öffnete uns die Tür. Er ist groß und hager. Seine Augen, von dichten Brauen umschattet, sind tief umrändert. Er hat uns in sein Atelier geführt: Ein kleiner Tisch, ein Bett, das eher einer Totenbahre gleicht, eine leere Staffelei – das ist alles.«[5]

Doch es gibt auch andere Stimmen, die dem eifrig tradierten Kult vom asketischen Künstlerheros widersprechen. Der russische Dichter und spätere Staatsrat Wassilij Andrejewitsch Schukowski (auch Joukovsky; 1783–1852), der Friedrich ebenfalls in den späteren Lebensjah-

4 Zitiert nach Sigrid Hinz, *Caspar David Friedrich* (s. Anm. 3), S. 247.

5 Zitiert nach ebd., S. 210.

ren mehrfach besuchte, schrieb im Juni 1821 an die Großfürstin Alexandra Feodorowna: »Wer Friedrichs Nebelbilder kennt und nach diesen Bildern, die die Natur nur von ihrer düsteren Seite darstellen, sich einfallen läßt, in ihm einen nachdenklichen Melancholiker mit bleichem Gesicht, mit poetischer Schwärmerei in den Augen zu suchen, der irrt sich.«[6] Als dessen hervorstechendste Charaktereigenschaft nennt er die »Treuherzigkeit«, was so viel wie Aufrichtigkeit und Ehrlichkeit bedeutet und den Norddeutschen, eigentlich aus Schwedisch-Vorpommern stammenden Künstler zu einem Wesensverwandten des »wackeren« Nürnbergers Albrecht Dürer macht, wie ihn Ludwig Tieck (1773–1853) in seiner »altdeutschen Geschichte« *Franz Sternbalds Wanderungen* (1798) beschreibt. Als durchaus geselliger Mensch, der viel zu erzählen wusste und mit Kindern freundlich umzugehen verstand, wird er geschildert, und gerade die oben mit ihrer Schwermut-Diagnose zitierte Caroline Bardua erscheint in Friedrichs 1811/12 entstandenem Gemälde *Gartenterrasse* in einer anmutigen Parklandschaft im wärmsten Abendlicht.

Caspar David Friedrich (1774–1840) stammte aus einer in Greifswald angesiedelten kleinbürgerlichen Handwerkerfamilie; er war das sechste von insgesamt zehn Kindern. Die Herkunft der Vorfahren aus einem ursprünglich in Schlesien beheimateten Grafengeschlecht ist ungesichert (sie würde ihn mit den Brüdern Eichendorff verbinden), nicht jedoch die Konfessionszugehörigkeit, soll doch die Familie wegen ihres evangelischen Bekenntnisses von dort vertrieben worden sein. Beachtung verdient die von Wilhelm von Kügelgen, dem Sohn des langjährigen Dresdner Lehrers und Malerfreundes Gerhard von Kügelgen (1772–1820) mitgeteilte Herkunftsgeschichte gleichwohl. Seit der gemeinsam mit Kersting im Jahr 1810 unternommenen Reise über das

---

6 Zitiert nach ebd., S. 226.

Zittauer Gebirge bis zur Schneekoppe bildeten neben Bildern der pommerschen Heimat Ansichten des Riesengebirges einen festen Bestandteil von Friedrichs Motivrepertoire.[7]

Nach erstem Unterricht durch den Zeichenlehrer der Greifswalder Universität Johann Gottfried Quistorp (1755–1835) ging Friedrich 1794 für vier Jahre an die Kunstakademie in Kopenhagen, an der auch ein anderer bedeutender Maler der Romantik wenig später studierte: Philipp Otto Runge (1777–1810). Über diese frühe Zeit ist wenig bekannt. Runge beispielsweise hat sich eher negativ über den akademischen Lehrbetrieb in Kopenhagen geäußert, und auch von Friedrich gibt es vergleichbare Vorbehalte in den insgesamt wenigen, bis vor knapp einem Jahrhundert noch im Original überlieferten schriftlichen Zeugnissen von seiner Hand.[8] Auch wenn die meisten Aufzeichnungen vermutlich aus den 1830er Jahren stammen und damit der letzten Lebensphase des Künstlers angehören, spiegeln sie doch eine offensichtlich schon früh einsetzende Abneigung gegen das normative Regelwerk ästhetischer Schulen und Systeme. Während Runge sich bei seiner – im Übrigen erfolglosen – Teilnahme am jährlichen Preisausschreiben der Weimarischen Kunstfreunde 1801 noch an die vorgegebene Aufgabe gehalten hatte, überrascht die Selbstverständlichkeit, mit der sich Friedrich vier Jahre später mit seinem Beitrag für die Wettbewerbsausstellung über das vorgegebene Thema, eine beliebige Szene aus dem Herakles-Mythos, einfach hinwegsetzte. Dennoch erhielt er für die beiden eingereichten Landschaften (*Wallfahrt bei Sonnenunter-*

---

7 Caspar David Friedrich, *Andächt'ger Aufenthalt. Briefe und Bekenntnisse* (Text- und Bildauswahl: Stefan Voerkel), Leipzig 2004, S. 102.

8 Neben Briefen an Familienangehörige befand sich zuletzt eine Anzahl von Handschriften mit kritischen und zugleich diskreten, auf Namensnennungen verzichtenden Betrachtungen und Äußerungen über die Kunst und den »Kunstbetrieb« seiner Zeit im Besitz des Berliner Kunsthändlers Wolfgang Gurlitt (abgedruckt bei Sigrid Hinz; s. Anm. 3, S. 242).

gang und *Herbstabend am See*) die Hälfte des ausgesetzten Preisgeldes in Höhe von 60 Dukaten. Johann Heinrich Meyer, der sich die Jurorentätigkeit mit Goethe teilte, würdigte in einer ausführlichen Besprechung in der *Jenaischen Allgemeinen Literaturzeitung* die Arbeiten als »eine Betätigung seines [Friedrichs] richtigen Urteils und Natursinnes«.[9] Die eingesandten Sepiazeichnungen verblieben als Geschenk des Künstlers in Weimar.

Schon 1798, nach der Rückkehr aus Kopenhagen, übersiedelte Friedrich nach Dresden, dem neben Berlin bedeutendsten Zentrum der bildenden Kunst in Deutschland – und zugleich, noch vor Jena, entscheidenden Ort für die Konstituierung der romantischen Bewegung in der Literatur. Friedrich Schlegel (1772–1829) begann hier seine schriftstellerische Laufbahn, Ludwig Tieck und Wilhelm Heinrich Wackenroder (1773–1798) besuchten die Stadt 1796 auf einer ihrer gemeinsamen Wanderungen, und die Sammlung der Dresdner Galerie bot den Gesprächsstoff für die im *Athenäum* abgedruckte Erörterung »Die Gemälde« (1799) von August Wilhelm (1767–1845) und Caroline Schlegel (1763–1809). Nicht zuletzt wegen der von Bildern Raffaels, insbesondere seiner *Sixtinischen Madonna*, ausgehenden spirituellen Wirkung erwarb sich Dresden später den Ruf der, nach Rom, zweiten »Hauptstätte der Verirrung« und der »katholischen Proselyten«.[10] Doch für Friedrich, ebenso übrigens wie für beinah alle der in diesem Band vertretenen, in der Mehrzahl protestantischen Autorinnen und Dichter, spielte die Frage einer Konversion zum katholischen Glauben keine Rolle. Friedrich Schlegel vollzog diesen Schritt, Heinrich Heine (1797–1856) trat vom jüdischen Glauben zur evangelischen Kirche über.

---

9 Johann Wolfgang Goethe, *Kunsttheoretische Schriften und Übersetzungen. Schriften zur bildenden Kunst I*, Weimar 1985 (Goethe, Berliner Ausgabe, Bd. 19), S. 453.

10 Nach einem Diktum von Henrik Steffens, hier zitiert nach Hans Joachim Neidhardt, *Die Malerei der Romantik in Dresden*, Wiesbaden 1981 (zuerst Leipzig 1976), S. 51.

Schon lange bevor sich Caspar David Friedrich der Ölmalerei zuwandte, erst ab 1807, hatte er sich mit der Teilnahme an den Dresdner Akademieausstellungen einen Namen gemacht und sich, wie der Korrespondent des *Morgenblatts für gebildete Stände* schrieb, »ein eignes Kunstreich zugeeignet, in dem er unumschränkt waltet und herrscht, und worin ihm schwerlich einer den Rang streitig machen wird«. In dem Ausstellungsbericht aus demselben Jahr heißt es weiter:[11]

> Gewiß ist Ihnen, der Sie unausgesetzt mit der Kunstgeschichte der neuesten Zeit gelebt haben, der Name Friedrich nicht fremd, und Sie wissen von der seltnen Wirkung, die er durch seine mit Sepia getuschten Landschaften hervorbringt. Er hat nacheinander sechs Stücke ausgestellt, und ich bin nicht fähig Ihnen zu beschreiben, wie sehr mich besonders die vier größeren entzückt haben.

In Dresden traf Friedrich vermutlich Runge wieder, den er schon in Greifswald kennengelernt hatte. Auch Ludwig Tieck gehörte zu seinem – weiteren – Bekanntenkreis, der ihm vielleicht durch den befreundeten klassizistischen Maler Ferdinand Hartmann (1774–1842) vermittelt wurde, welcher selbst in engerem Austausch mit Tieck und Runge stand. Überhaupt sind intensive persönliche Kontakte zu Vertretern der literarischen Romantik kaum bezeugt, sieht man einmal von dem patriotischen Schriftsteller Ernst Moritz Arndt (1769–1860) ab, mit dem Friedrich die landsmannschaftliche Herkunft – und während der Befreiungskriege auch die politische Überzeugung – verband. Die »teutsche Kleidertracht« mit altdeutschem Rock und Samtbarett, die Arndt in einer Programmschrift von 1814 allen national gesinnten

---

11 »Briefe über die Dresdner Kunstausstellung«, 2. Brief, in: *Morgenblatt für gebildete Stände*, Nr. 106, 4. Mai 1807, S. 422.

Männern empfahl, findet sich kurz darauf auch als altmodische Ausstattung von *Männern in Betrachtung des Mondes* auf Bildern Friedrichs wieder.

Einen noch geringeren Ertrag verspricht die Suche nach konkreten literarischen Einflüssen auf das Werk des Malers. Für Runge lässt sich der Rückgriff auf eine Ode Klopstocks für das »frühromantische Programmbild«[12] *Die Lehrstunde der Nachtigall* (1801/05) belegen; für Tiecks Sammlung der *Minnelieder aus dem schwäbischen Zeitalter* (1803) schuf er eine Reihe von Vignetten, und Clemens Brentano (1778–1842) versuchte, allerdings vergeblich, ihn für eine buchkünstlerische Ausstattung seiner *Romanzen vom Rosenkranz* (1852) zu gewinnen. Ähnliche sprachliche Vor-Bilder, die einer Lektüre oder der Zusammenarbeit mit Dichtern zu verdanken wäre, finden sich bei Friedrich nicht.

Doch auch wenn sich bei seinen Arbeiten keine unmittelbaren literarischen Bezüge erschließen lassen, so provozierte Friedrich umgekehrt durch die Wucht des Neuen und der gänzlich ungewohnten Sichtweisen ein literarisches Echo, das sich in kühnen Sprachbildern manifestierte. Als herausragendes Beispiel können dafür zwei seiner bekanntesten Werke gelten, die zur Berliner Akademieausstellung von 1810 eingereicht wurden: der *Mönch am Meer* und die *Abtei im Eichwald*. Achim von Arnim (1781–1831) und Clemens Brentano hatten nach dem Ausstellungsbesuch gemeinsam einen Text für die *Berliner Abendblätter* von Heinrich von Kleist (1777–1811) verfasst, in dem beide, in der Tradition des Gemälde-Gesprächs im *Athenäum*, die »Überforderung« der gewöhnlichen, bürgerlichen Betrachter durch das Bild des

12 Markus Bertsch / Jonas Beyer, »Von Runge zu Speckter«, in: *Verwandlung der Welt. Die romantische Arabeske*, im Auftrag des Freien Deutschen Hochstifts und der Hamburger Kunsthalle hrsg. von Werner Busch und Petra Maisak unter Mitwirkung von Sabine Weisheit, Petersberg 2013, S. 87.

einsamen Mönchs mit deren hilflos-geistreichen Vergleichen und bisweilen albernen Wortspielereien zu veranschaulichen suchten. Doch eigentlich brachte erst eine Assoziation Kleists, der als Redakteur seiner Zeitung um eine Kürzung des ausufernden Diskurses bemüht sein musste, den damaligen Wahrnehmungsschock auf den Punkt – in einem kongenialen Bild, an dem gewissermaßen noch im 20. Jahrhundert, dann aber von Regisseur Luis Buñuel in einem anderen Medium, weitergearbeitet wurde: »[S]o ist es, wenn man es betrachtet, als ob Einem die Augenlieder weggeschnitten wären«.[13]

Wie sich in diesem Gemälde die Grenzen der Naturphänomene verflüchtigen, so wird die Trennung der Gattungen, ja der künstlerischen Disziplinen überhaupt aufgehoben. Der Synästhesie und Klangmalerei in den literarischen Zeugnissen romantischer Autoren begegnet das gewagte Formexperiment des Malers. Adam Müller (1779–1829), der zu der gemeinsam mit Kleist herausgegebenen Dresdner Zeitschrift *Phöbus* den programmatischen Aufsatz »Etwas über Landschaftsmalerei« (1808) beitrug, könnte von den ungefähr gleichzeitig entstandenen Berliner Bildern inspiriert worden sein oder scheint doch zumindest deren Eigenart vorwegzunehmen:[14]

> [J]eder Lichtstrahl, der über die Gegend fällt, scheint ein Orakel mit sich zu führen, und jedes Wolkengewebe ist eine geheimnißvolle Schrift. […] Luft und Erde scheinen zusammen zu fliessen; sie tauschen auch mit lieblicher Vertraulichkeit ihre Plätze: in den Wolken scheint die Erde auf die Seite des Himmels herüberzutreten, in den Seen und Flüssen der Himmel auf die Seite der Erde –

---

13 Heinrich von Kleist, »Empfindungen vor Friedrichs Seelandschaft«, in: *Berliner Abendblätter*, 12. Blatt, 13. Oktober 1810.

14 *Phöbus. Ein Journal für die Kunst*, April/Mai 1808, S. 71 f.

> und in der weitsten Weite verlieren sich die Grenzen, bleichen die Farben ineinander, was dem Himmel, was der Erde angehöre läßt sich nicht mehr sagen. […] Darum ist die Landschaftsmalerei überhaupt mehr allegorischer als plastischer Natur; sie neigt sich zu den redenden, tönenden Künsten herüber.

Der Anregung des später so genannten »Romantikers auf dem Thron«, des jungen Kronprinzen Friedrich Wilhelm (1795–1861, Regentschaft ab 1840), ist der Ankauf beider Gemälde durch den preußischen Hof zu verdanken. Der Vater Friedrich Wilhelm III. kaufte in den Folgejahren noch weitere Arbeiten des Künstlers, teilweise als Geburtstagsgeschenke für den Sohn. Caspar David Friedrich wurde zum Auswärtigen Mitglied der Berliner Akademie ernannt. Auch die Dresdner Akademie nahm ihn auf, verweigerte ihm 1824 aber die Berufung zum ordentlichen Professor der Landschaftsklasse, als er eine feste Besoldung wegen nachlassender Verkaufserfolge bereits bitter nötig gehabt hätte.

Vergleichsweise spät, im vierundvierzigsten Lebensjahr, heiratete Friedrich die knapp zwanzig Jahre jüngere Christiane Caroline Bommer (1793–1847) aus Dresden; drei Kinder gingen aus der Ehe hervor. Eine gewisse Kompensation für die schwindende Anerkennung, die materielle Sorgen mit sich brachte, bedeutete die Bewunderung des russischen Zarenhofes, die vom oben schon erwähnten Dichter und Diplomaten Schukowski nach einem ersten Besuch 1821 ausging. Der nach einem Schlaganfall 1835 angetretene Kuraufenthalt im böhmischen Teplitz konnte durch Ankäufe des Zaren finanziert werden. Und noch nach Friedrichs Tod fünf Jahre später trugen diese zur Unterstützung der hinterbliebenen Familienmitglieder bei.

Das von Schukowski, oder auch einer nicht genannten »Gräfin«, unterbreitete Angebot einer bezahlten Reise in die Schweiz oder nach Italien, Pilgerstätte und Sehnsuchtsland der Sternbalds und Taugenichtse, soll Friedrich ausgeschlagen haben. »Mein Geld hätte für zwei gereicht«, schrieb Schukowski der russischen Großfürstin. Die Begründung der Absage versöhnte ihn aber sofort wieder mit dem Künstler: »Die Einsamkeit«, so wird Friedrich zitiert, »brauche ich für das Gespräch mit der Natur.«[15] Doch Ausflüge nach Brandenburg und in die pommersche Heimat, nach Rügen oder Reisen in den Harz und nach Böhmen ins Riesengebirge hat er nicht wenige unternommen. Auf das existentielle Symbol einer lebenslangen Wanderschaft verweisen die vielen Bilder von Häfen, von heimkehrenden, aber auch in stürmischer See oder im *Eismeer* scheiternden Schiffen. Um jedoch eine schweizerische Gebirgslandschaft oder einen antiken Tempel zu malen, musste Caspar David Friedrich genauso wenig über die Alpen oder nach Sizilien wandern, wie das weitgehend mittellose und deshalb »ortsgebundene« Stiftsfräulein Karoline von Günderrode (1780–1806) für ihr gleichnamiges Gedicht in den *Kaukasus* reisen musste.

Michael Grus

15 Brief an die Großfürstin Alexandra Feodorowna (s. Anm. 6), S. 227.

GEDANKEN DER SEHNSUCHT

BETTINE VON ARNIM

»Wer sich der Einsamkeit ergibt
Ach der ist bald allein;
Ein jeder lebt ein jeder liebt
Und lässt ihn seiner Pein.«

Wer sich dem Weltgewühl ergibt
Der ist zwar nie allein.
Doch was er lebt und was er liebt
Es wird wohl nimmer sein.

Nur wer der Muse hin sich gibt
Der weilet gern allein
Er ahnt dass sie ihn wieder liebt
Von ihm geliebt will sein.

Sie kränzt ihm Becher und Altar
Vergöttlicht Lust und Pein
Was *sie* ihm gibt es ist so wahr
Gewährt ein ewig Sein.

Es blühet hell in seiner Brust
Der Lebensflamme Schein
Im Himmlischen ist ihm bewusst
Das reine ird'sche Sein.

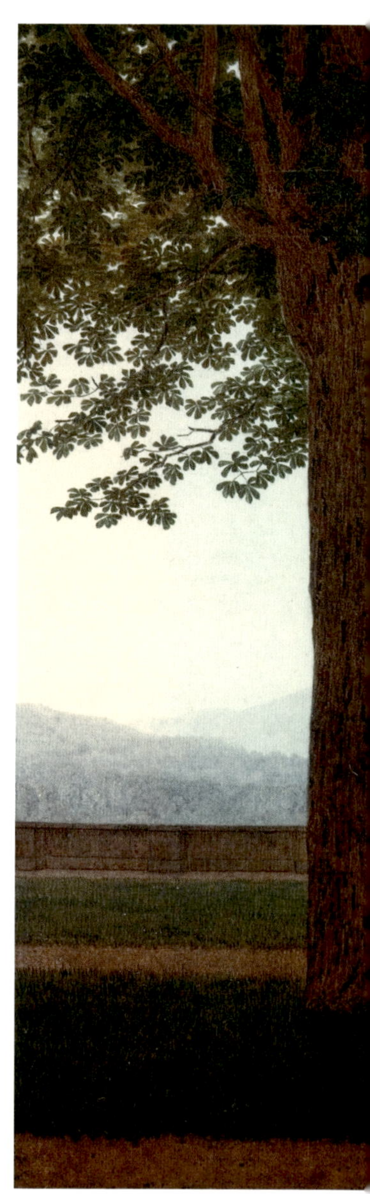

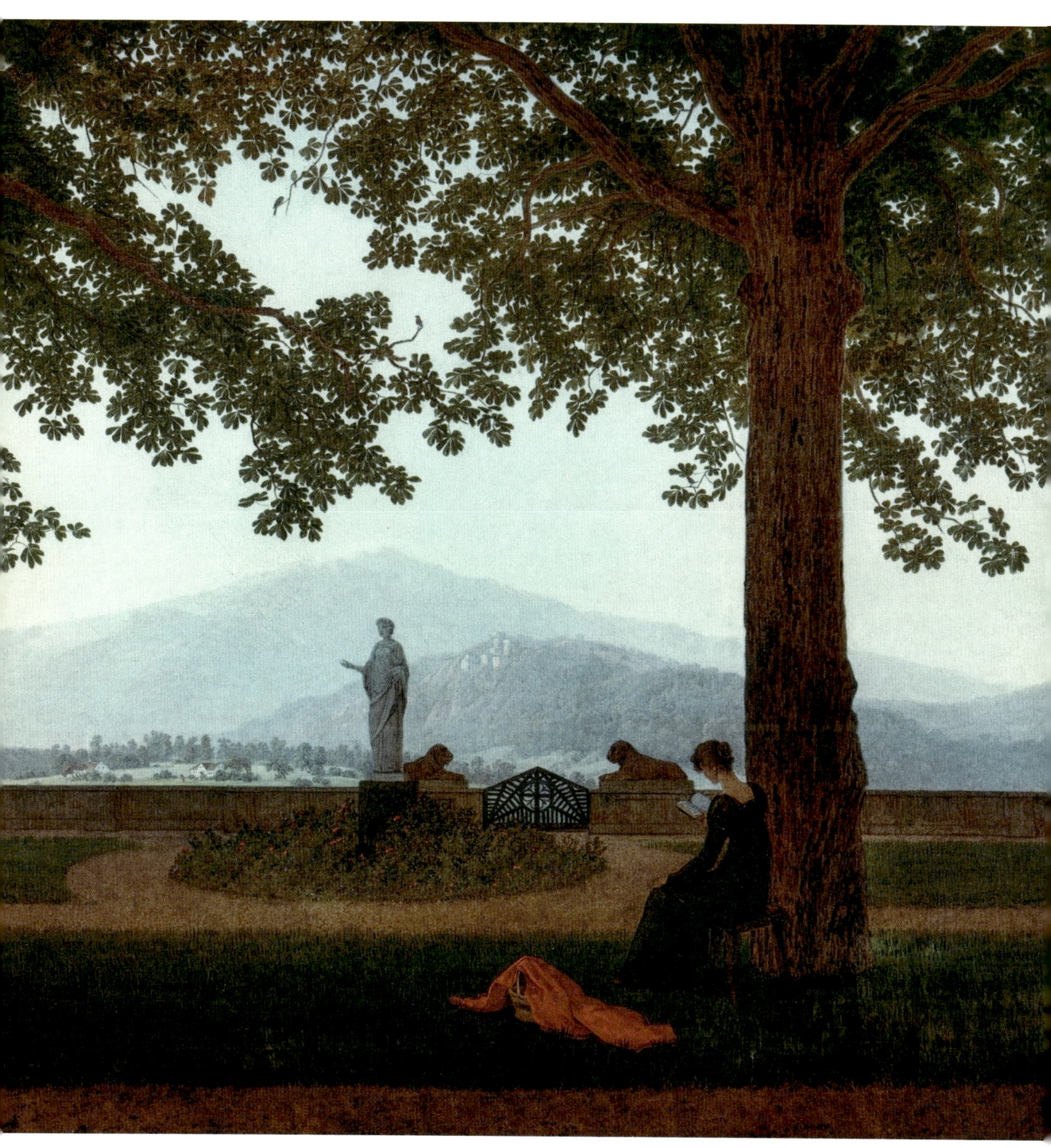

Gartenterrasse (1811/12, Potsdam)

FRIEDRICH DE LA MOTTE FOUQUÉ

Sie steht, vom veilchenroten Kleid umwallt,
Am Fenster, abgewendet von hier innen,
Und sieht hinaus, vertieft in ernstes Sinnen: –
Sanft bebt mein Geist mir, und mein Busen wallt.

Wer zog mich her, durch magische Gewalt? –
Fast möcht ich fliehn; – und kann doch nicht von hinnen! –
Ich möcht ihr nahn; – zurück, o kühn Beginnen!
Erzürne nicht die herrliche Gestalt!

O wende du – nein, nein, o wende nicht
Zu mir. huldvolles Rätsel, dein Gesicht!
Lass mich nur still im seelgen Ahnungsbangen.

Wär's mindrer Reiz, wär dies mein Glück vergangen,
Und strahlt es wirklich, das ersehnte Licht,
Blieb rettungslos im Zauber ich gefangen!

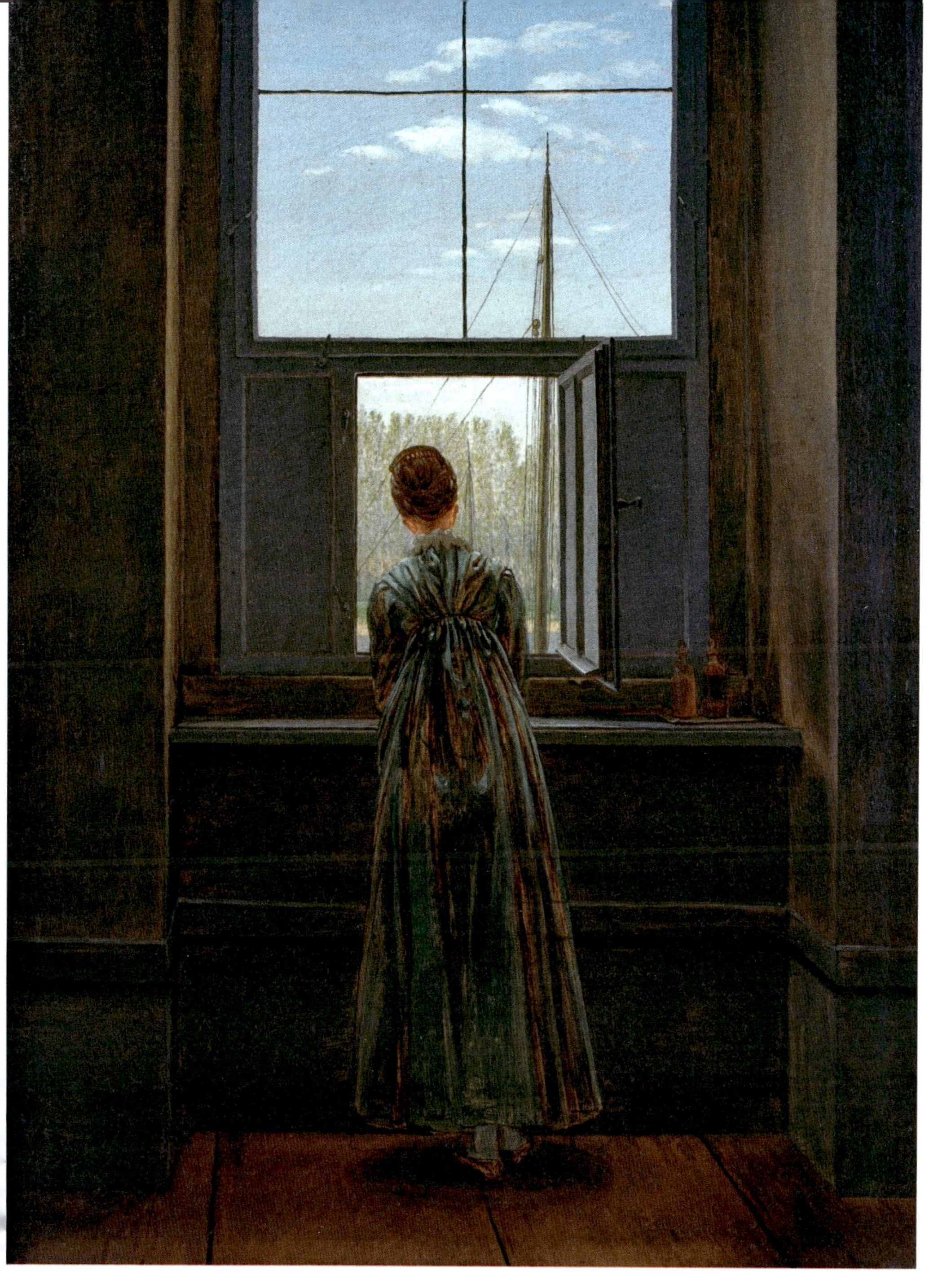

Frau am Fenster (1822, Berlin)

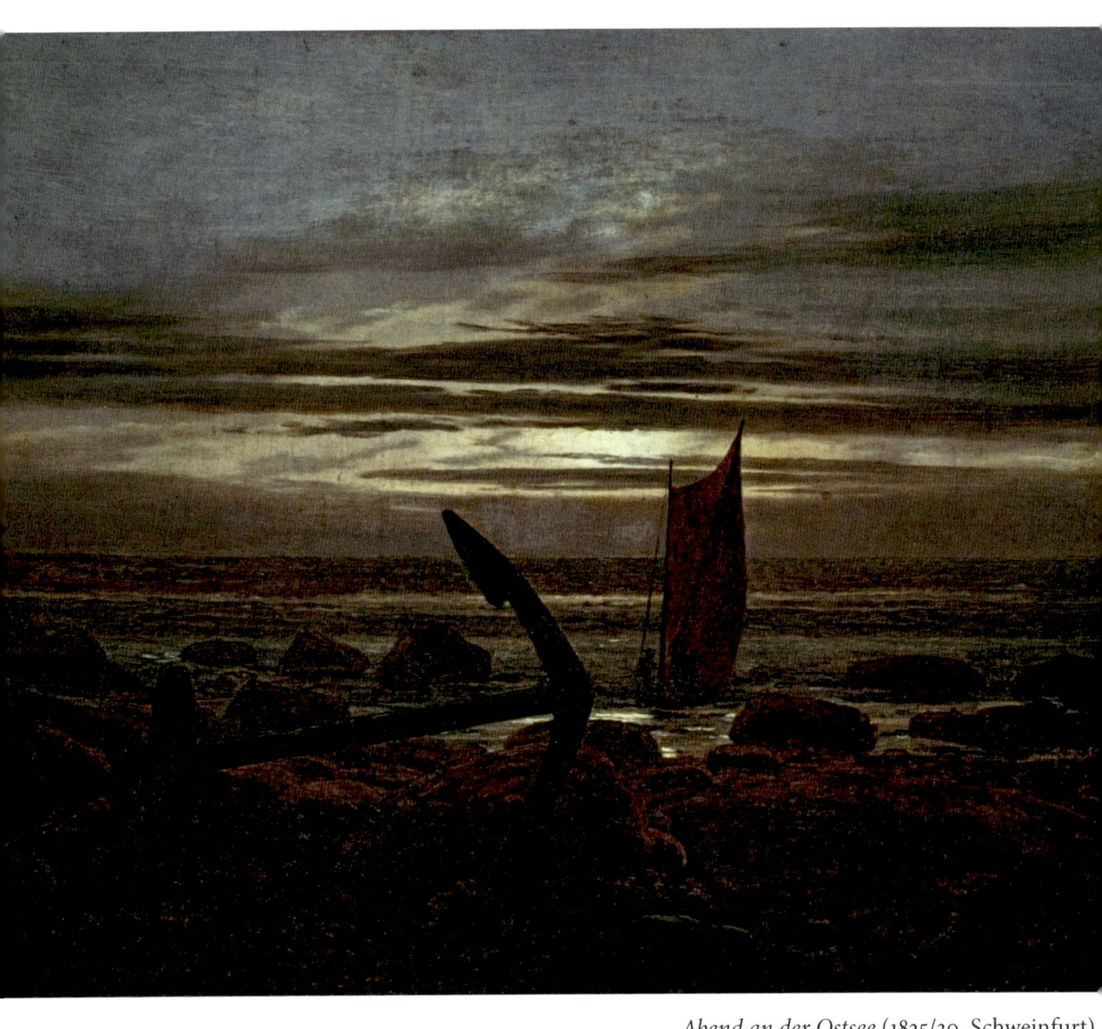

Abend an der Ostsee (1825/30, Schweinfurt)

JOSEPH VON EICHENDORFF

Der Einsiedler

Komm, Trost der Welt, Du stille Nacht!
Wie steigst Du von den Bergen sacht,
Die Lüfte alle schlafen,
Ein Schiffer nur noch, wandermüd,
Singt übers Meer sein Abendlied
Zu Gottes Lob im Hafen.

Die Jahre wie die Wolken gehn
Und lassen mich hier einsam stehn,
Die Welt hat mich vergessen,
Da tratst Du wunderbar zu mir,
Wenn ich beim Waldesrauschen hier
Gedankenvoll gesessen.

O Trost der Welt, Du stille Nacht!
Der Tag hat mich so müd gemacht,
Das weite Meer schon dunkelt,
Lass ausruhn mich von Lust und Not,
Bis das ew'ge Morgenrot
Den stillen Wald durchfunkelt.

HEINRICH HEINE

Fragen

Am Meer, am wüsten, nächtlichen Meer,
Steht ein Jüngling-Mann,
Die Brust voll Wehmut, das Haupt voll Zweifel,
Und mit düstern Lippen fragt er die Wogen:

»O löst mir das Rätsel des Lebens,
Das qualvolle uralte Rätsel,
Worüber schon manche Häupter gegrübelt,
Häupter in Hieroglyphenmützen,
Häupter in Turban und schwarzem Barett,
Perückenhäupter und tausend andre
Arme, schwitzende Menschenhäupter –
Sagt mir, was bedeutet der Mensch?
Woher ist er kommen? Wo geht er hin?
Wer wohnt dort oben auf goldenen Sternen?«

Es murmeln die Wogen ihr ew'ges Gemurmel,
Es wehet der Wind, es fliehen die Wolken,
Es blinken die Sterne, gleichgültig und kalt,
Und ein Narr wartet auf Antwort.

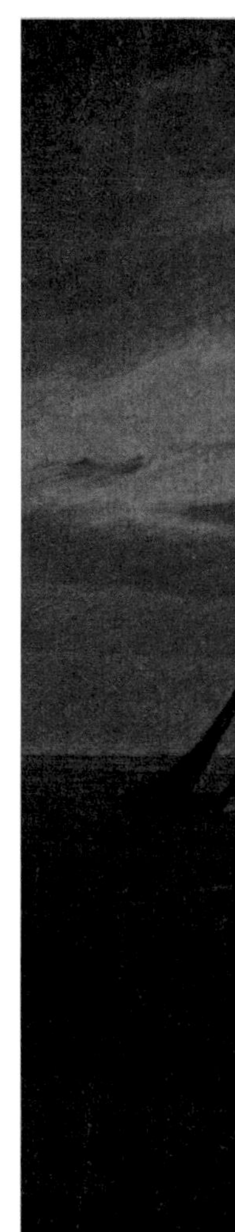

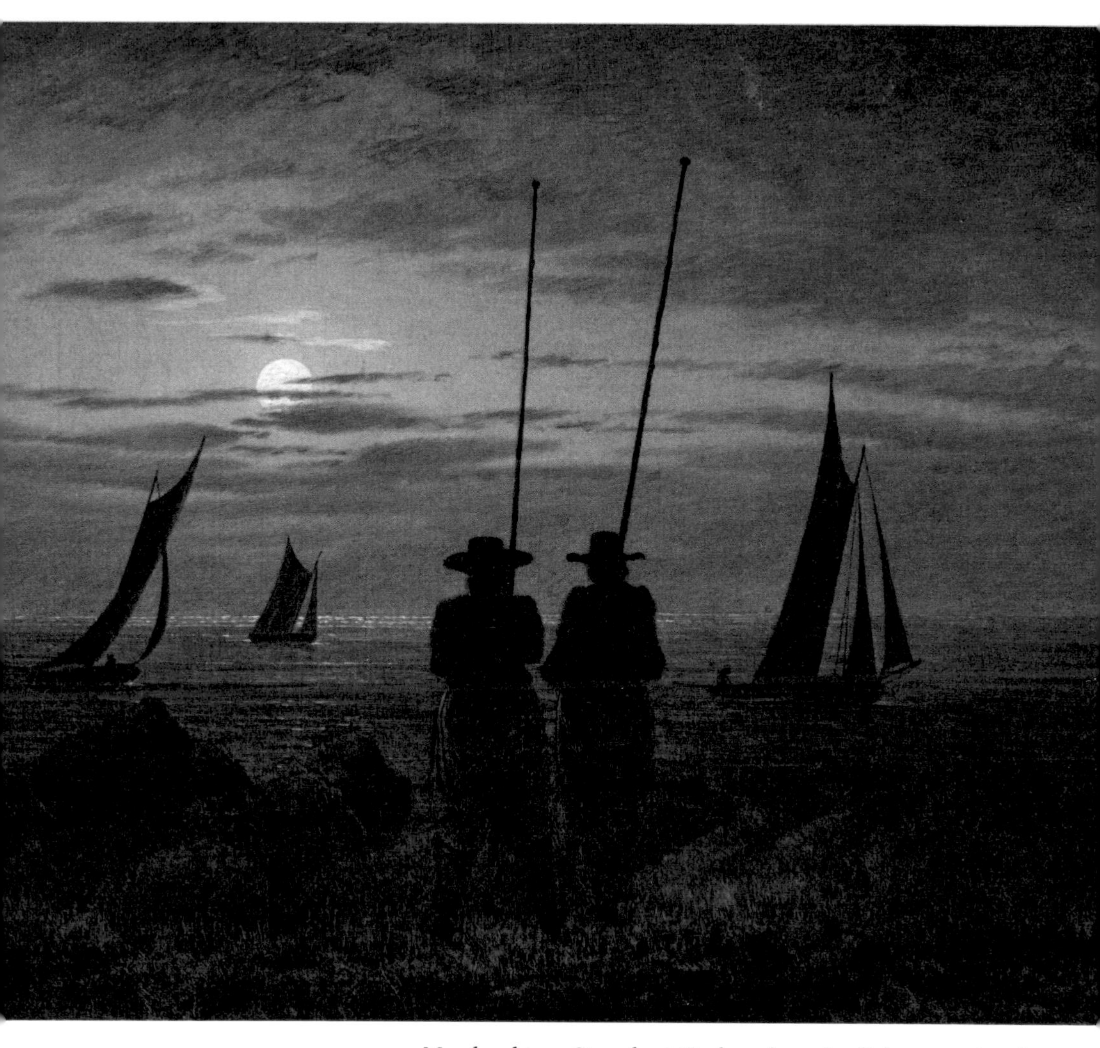

Mondnacht am Strand mit Fischern (um 1817, Privatsammlung)

IN DER
FREMDE

JOSEPH VON EICHENDORFF

Der irre Spielmann

Aus stiller Kindheit unschuldiger Hut
Trieb mich der tolle, frevelnde Mut.
Seit ich da draußen so frei nun bin,
Find ich nicht wieder nach Hause mich hin.

Durchs Leben jag ich manch trügrisch Bild,
Wer ist der Jäger da? wer ist das Wild?
Es pfeift der Wind mir schneidend durchs Haar,
Ach Welt, wie bist du so kalt und klar!

Du frommes Kindlein im stillen Haus,
Schau nicht so lüstern zum Fenster hinaus!
Frag mich nicht, Kindlein, woher und wohin?
Weiß ich doch selber nicht, wo ich bin!

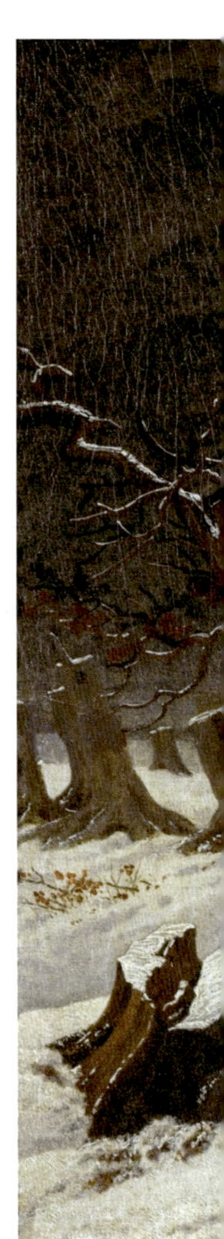

Von Sünde und Reue zerrissen die Brust,
Wie rasend in verzweifelter Lust,
Brech ich im Fluge mir Blumen zum Strauß,
Wird doch kein fröhlicher Kranz daraus! –

Ich möcht in den tiefsten Wald wohl hinein,
Recht aus der Brust den Jammer zu schrein,
Ich möchte reiten ans Ende der Welt,
Wo der Mond und die Sonne hinunter fällt.

Wo schwindelnd beginnt die Ewigkeit,
Wie ein Meer, so erschrecklich still und weit,
Da sinken all Ström und Segel hinein,
Da wird es wohl endlich auch ruhig sein.

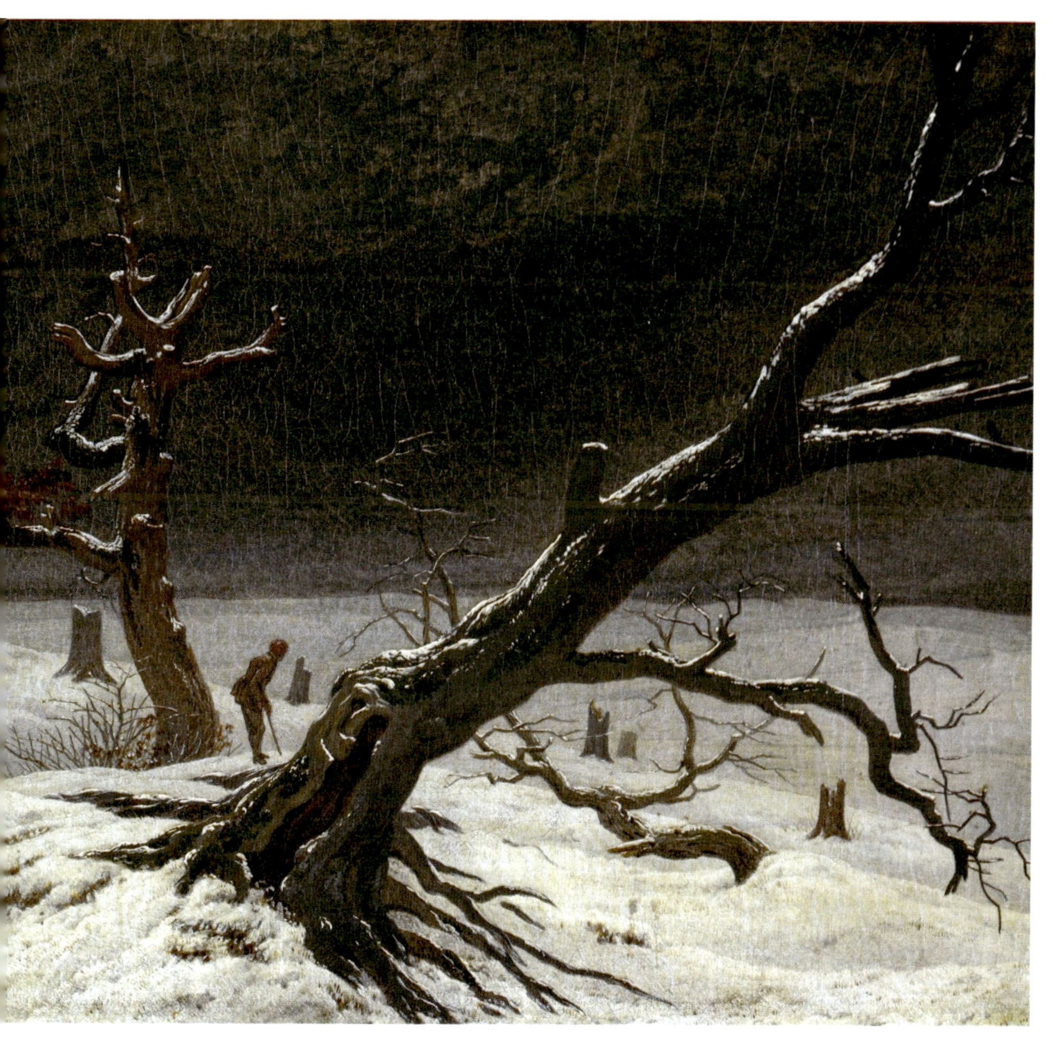

Winterlandschaft (1811, Schwerin)

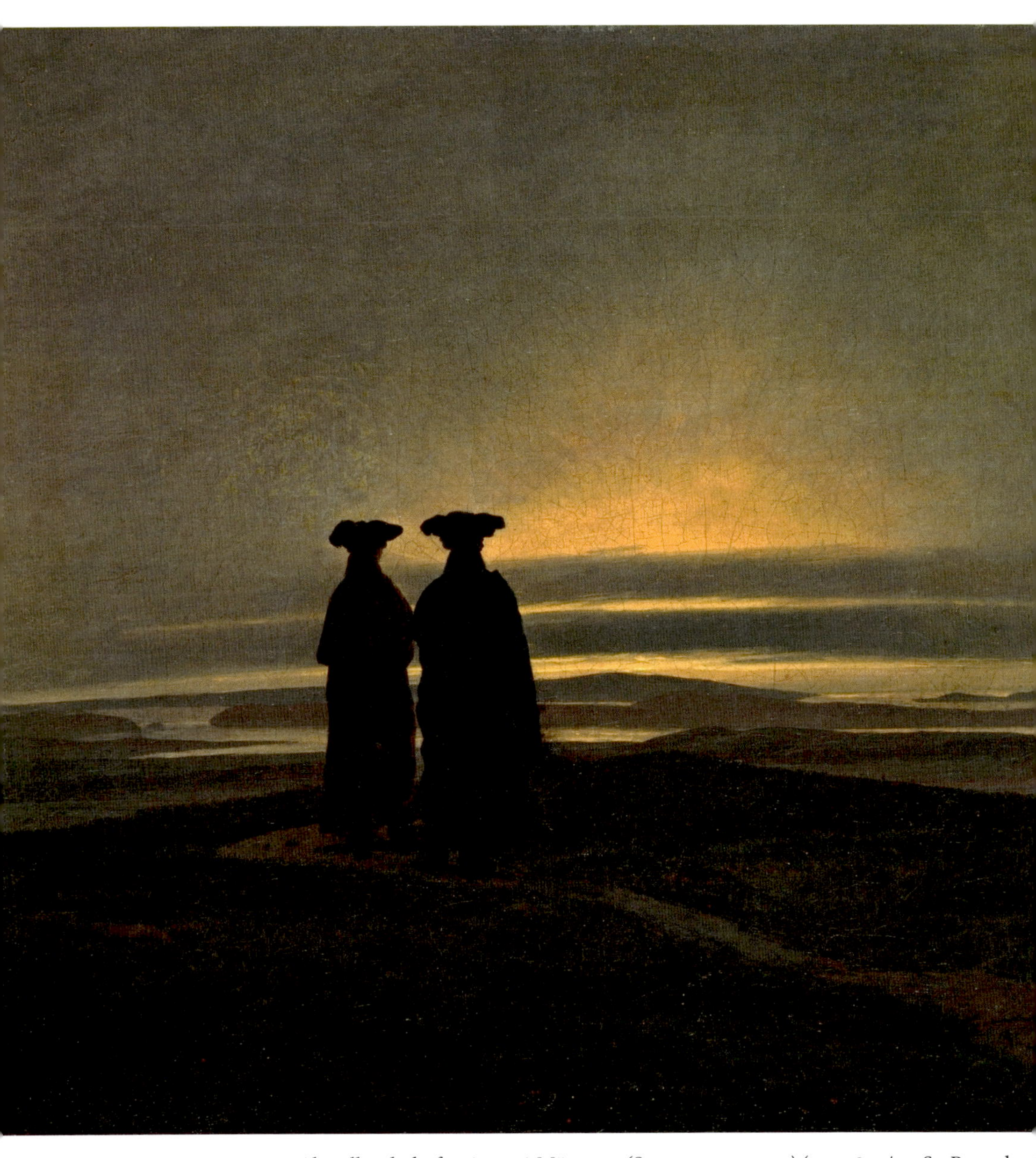

Abendlandschaft mit zwei Männern (Sonnenuntergang) (um 1830/35, St. Petersbu

JOSEPH VON EICHENDORFF

Der Wandrer, von der Heimat weit,
Wenn rings die Gründe schweigen,
Der Schiffer in Meeres Einsamkeit,
Wenn die Stern aus den Fluten steigen:

Die beiden schauern und lesen
In stiller Nacht,
Was sie nicht gedacht,
Da es noch fröhlicher Tag gewesen.

JOSEPH VON EICHENDORFF

In der Fremde

Ich hör die Bächlein rauschen
Im Walde her und hin,
Im Walde in dem Rauschen
Ich weiß nicht, wo ich bin.

Die Nachtigallen schlagen
Hier in der Einsamkeit,
Als wollten sie was sagen
Von der alten, schönen Zeit.

Die Mondesschimmer fliegen,
Als säh ich unter mir
Das Schloss im Tale liegen,
Und ist doch so weit von hier!

Als müsste in dem Garten,
Voll Rosen weiß und rot,
Meine Liebste auf mich warten,
Und ist doch lange tot.

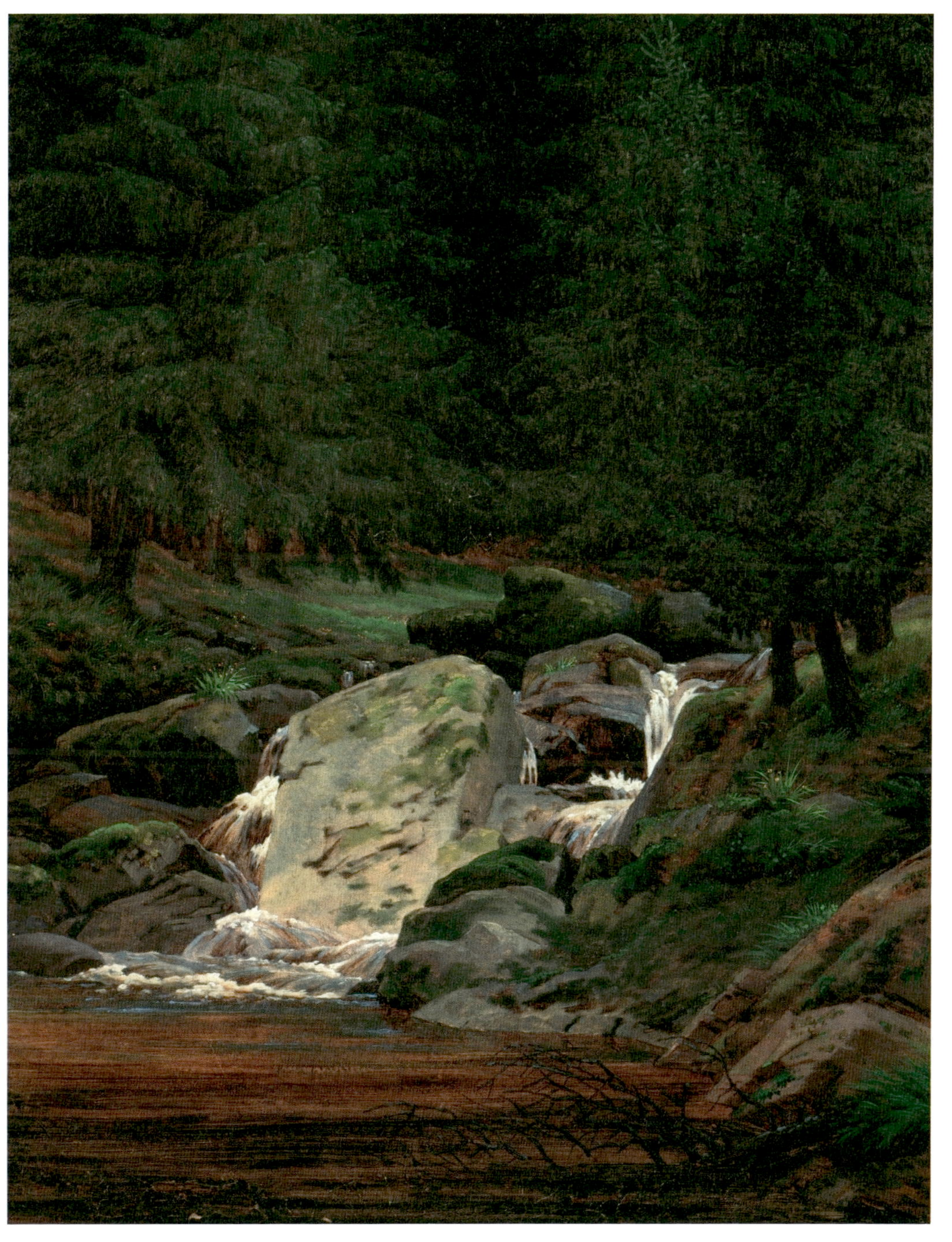

Tannenwald mit Wasserfall (um 1828, Hamburg)

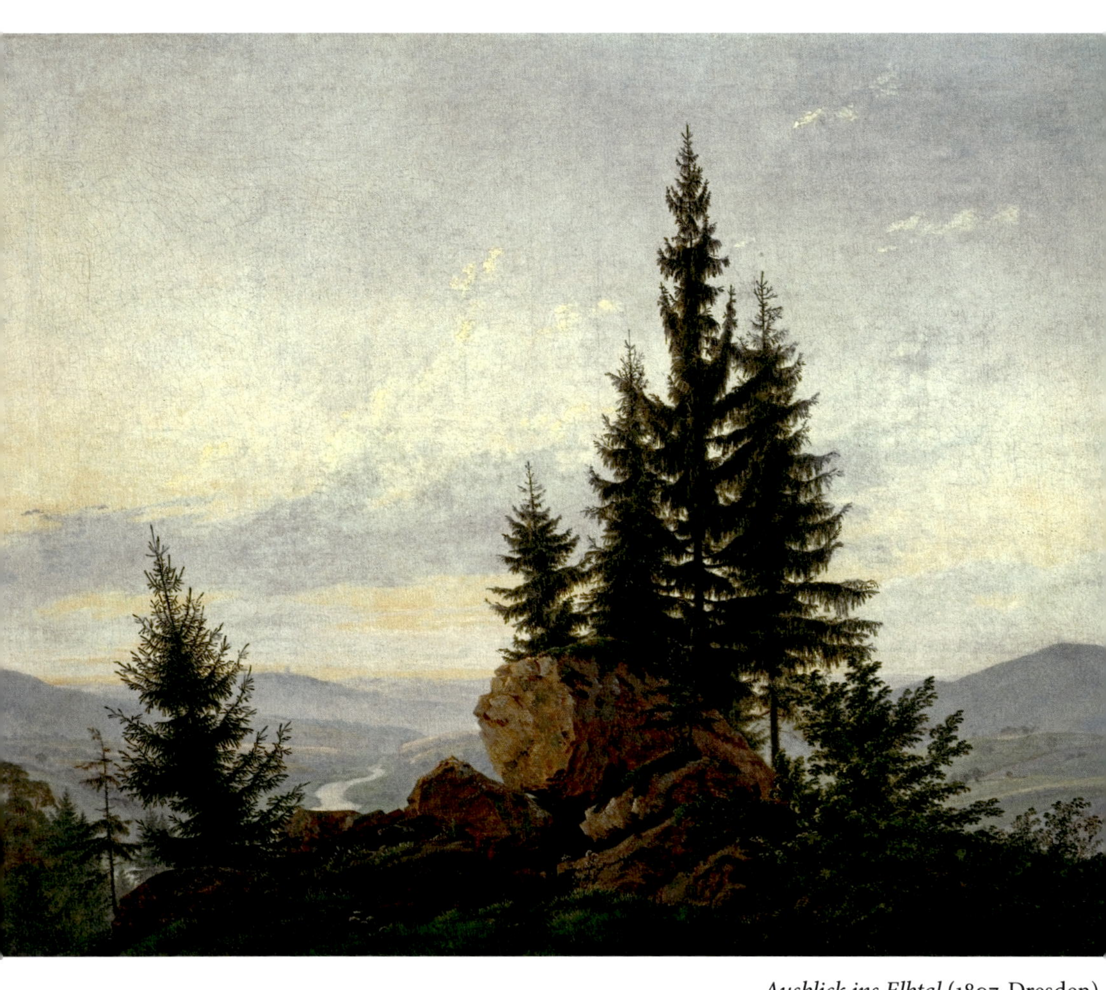

Ausblick ins Elbtal (1807, Dresden)

JOSEPH VON EICHENDORFF

Abschied

O Täler weit, o Höhen,
O schöner, grüner Wald,
Du meiner Lust und Wehen
Andächt'ger Aufenthalt!
Da draußen, stets betrogen,
Saust die geschäft'ge Welt,
Schlag noch einmal die Bogen
Um mich, du grünes Zelt!

Wenn es beginnt zu tagen,
Die Erde dampft und blinkt,
Die Vögel lustig schlagen,
Dass dir dein Herz erklingt:
Da mag vergehn, verwehen
Das trübe Erdenleid,
Da sollst du auferstehen
In junger Herrlichkeit!

Da steht im Wald geschrieben,
Ein stilles, ernstes Wort
Von rechtem Tun und Lieben,
Und was des Menschen Hort.
Ich habe treu gelesen
Die Worte schlicht und wahr,
Und durch mein ganzes Wesen
Ward's unaussprechlich klar.

Bald werd ich dich verlassen,
Fremd in der Fremde gehn,
Auf buntbewegten Gassen
Des Lebens Schauspiel sehn;
Und mitten in dem Leben
Wird deines Ernsts Gewalt
Mich Einsamen erheben,
So wird mein Herz nicht alt.

JOSEPH VON EICHENDORFF

Wenn du am Felsenhange standst alleine,
Unten im Walde Vögel seltsam sangen
Und Hörner aus der Ferne irrend klangen,
Als ob die Heimat drüben nach dir weine,

War's niemals da, als rief die Eine, Deine?
Lockt dich kein Weh, kein brünstiges Verlangen
Nach andrer Zeit, die lange schon vergangen,
Auf ewig einzugehn in grüne Scheine?

Gebirge dunkelblau steigt aus der Ferne,
Und von den Gipfeln führt des Bundes Bogen
Als Brücke weit in unbekannte Lande.

Geheimnisvoll gehn oben goldne Sterne,
Unten erbraust viel Land in dunklen Wogen –
Was zögerst du am unbekannten Rande?

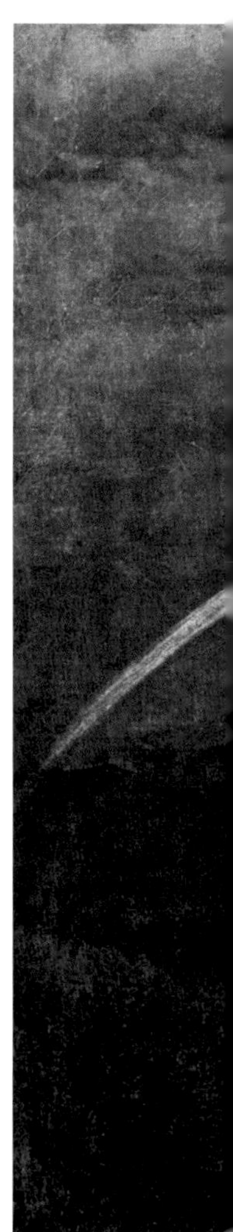

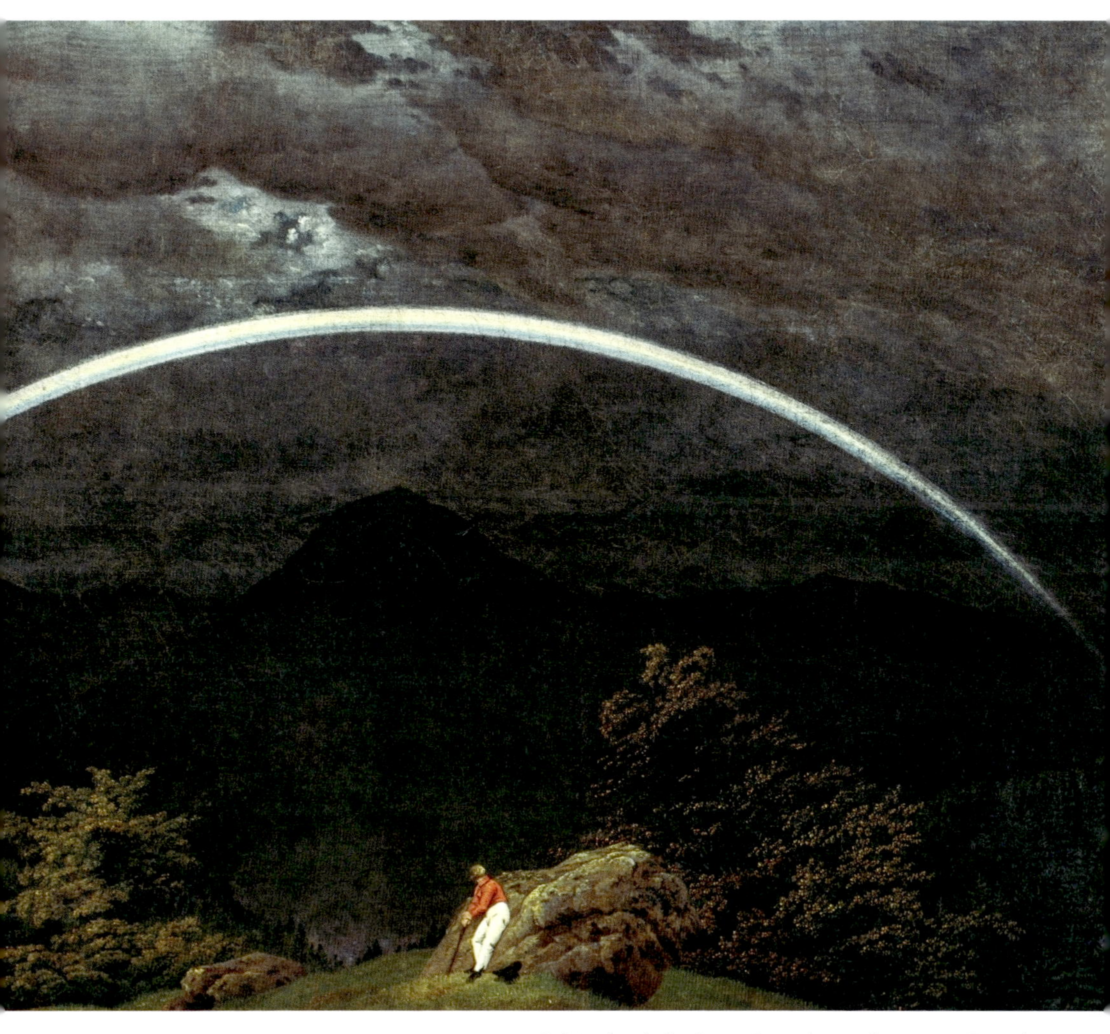

Gebirgslandschaft mit Regenbogen (um 1810, Essen)

WILHELM MÜLLER

Einsamkeit

Der Mai ist auf dem Wege,
Der Mai ist vor der Tür:
Im Garten, auf der Wiesen,
Ihr Blümlein kommt herfür!

Da hab ich den Stab genommen,
Da hab ich das Bündel geschnürt,
Zieh weiter und immer weiter,
Wohin die Straße mich führt.

Über mir ziehen die Vögel,
Sie ziehen in lustigem Reihn,
Sie zwitschern und trillern und flöten,
Als ging's in den Himmel hinein.

Der Wandrer geht alleine,
Geht schweigend seinen Gang;
Das Bündel will ihn drücken,
Der Weg wird ihm zu lang.

Ja, wenn wir allzusammen
So zögen ins Land hinein!
Und wenn auch das nicht wäre,
Könnt Eine nur mit mir sein!

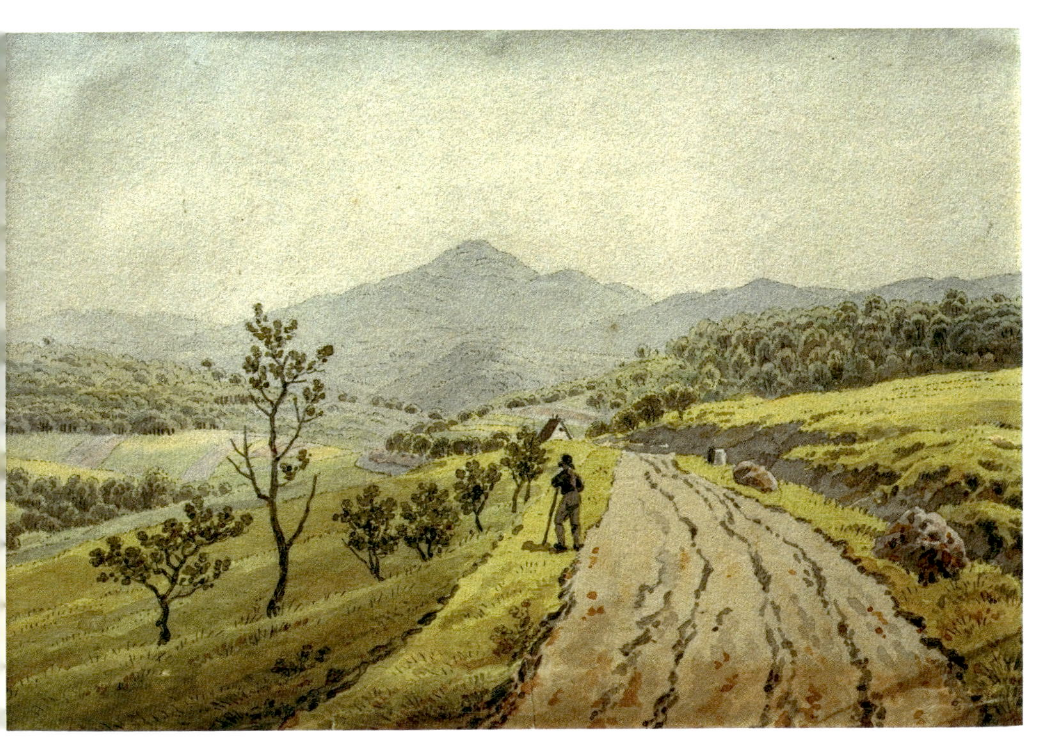

Blick auf den Kletschen (Weg mit Wanderer) (um 1828, Leipzig)

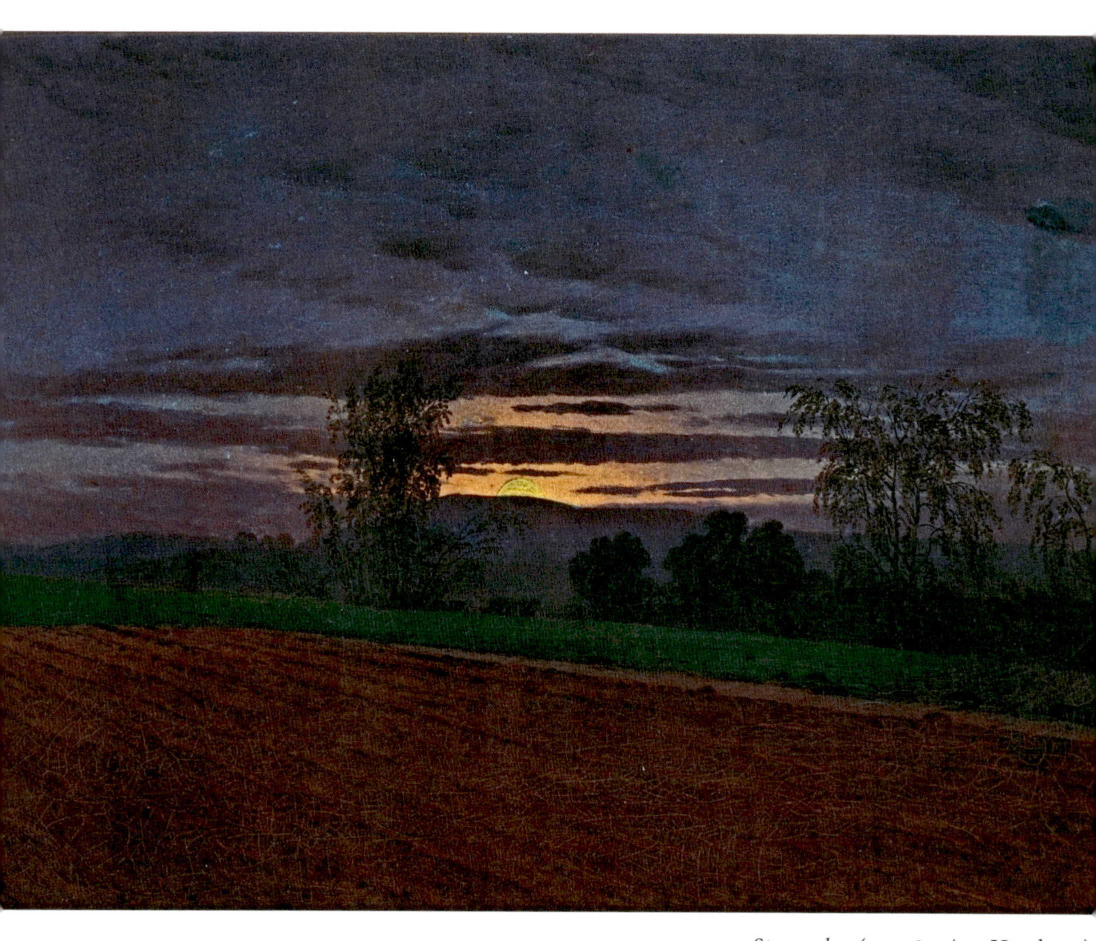

Sturzacker (um 1820/30, Hamburg)

JOHANN GABRIEL SEIDL

Der Wanderer an den Mond

Ich auf der Erd, am Himmel du,
Wir wandern beide rüstig zu: –
Ich ernst und trüb, du mild und rein,
Was mag der Unterschied wohl sein?

Ich wandre fremd von Land zu Land,
So heimatlos, so unbekannt;
Bergauf, bergab, waldein, waldaus,
Doch nirgend bin ich ach! zu Haus.

Du aber wanderst auf und ab
Aus Westens Wieg' in Ostens Grab, –
Wallst Länder ein und Länder aus,
Und bist doch, wo du bist, zu Haus.

Der Himmel, endlos ausgespannt,
Ist dein geliebtes Heimatland:
O glücklich, wer wohin er geht,
Doch auf der Heimat Boden steht!

DAS MEER

WILHELM HEINRICH WACKENRODER

Das Meer

Auf hoher Felsenkante,
Der Menschheit Abgesandte
Stehn wir und opfern Gott Gesang.
Ihm tönen Jubellieder
Im Namen unsrer Brüder
Für alle Pracht der Erde Dank.

In allgewalt'ger Schale
Dem heiligen Schicksale
Schäumt unter uns das weite Meer.
In lachend heitrer Stille
Im wilden Sturmgebrülle
Ist's immer heilig, groß und hehr.

Und Gottes Bild der Himmel,
Schaut in der Flut Gewimmel
Mit unbewegtem Aug hinein:
Er beugt sich freundlich nieder,
Mit blauem Glanzgefieder
Schließt er die Flut umarmend ein.

Wie diese regen Wellen
Gedrängt sich treibend schwellen,
So wallt der Menschen großes Meer:
In hoher Tugend Siege,
In schwarzer Laster Kriege
Stets groß und wundervoll und hehr.

Drum lasst uns, gleich dem Himmel
Ins wilde Weltgetümmel
Mit sonnenhellem Auge sehn;
Fest an der Menschheit hangen,
Die Welt mit Lieb umfangen
Und liebend, liebend untergehn.

Lasst länger hier uns harren
In Meer und Himmel starren
Bis jede Fiber fühlend schwillt:
Und segnet das Entzücken,
Das unsern trunknen Blicken,
Aus dir, Natur, geheiligt quillt.

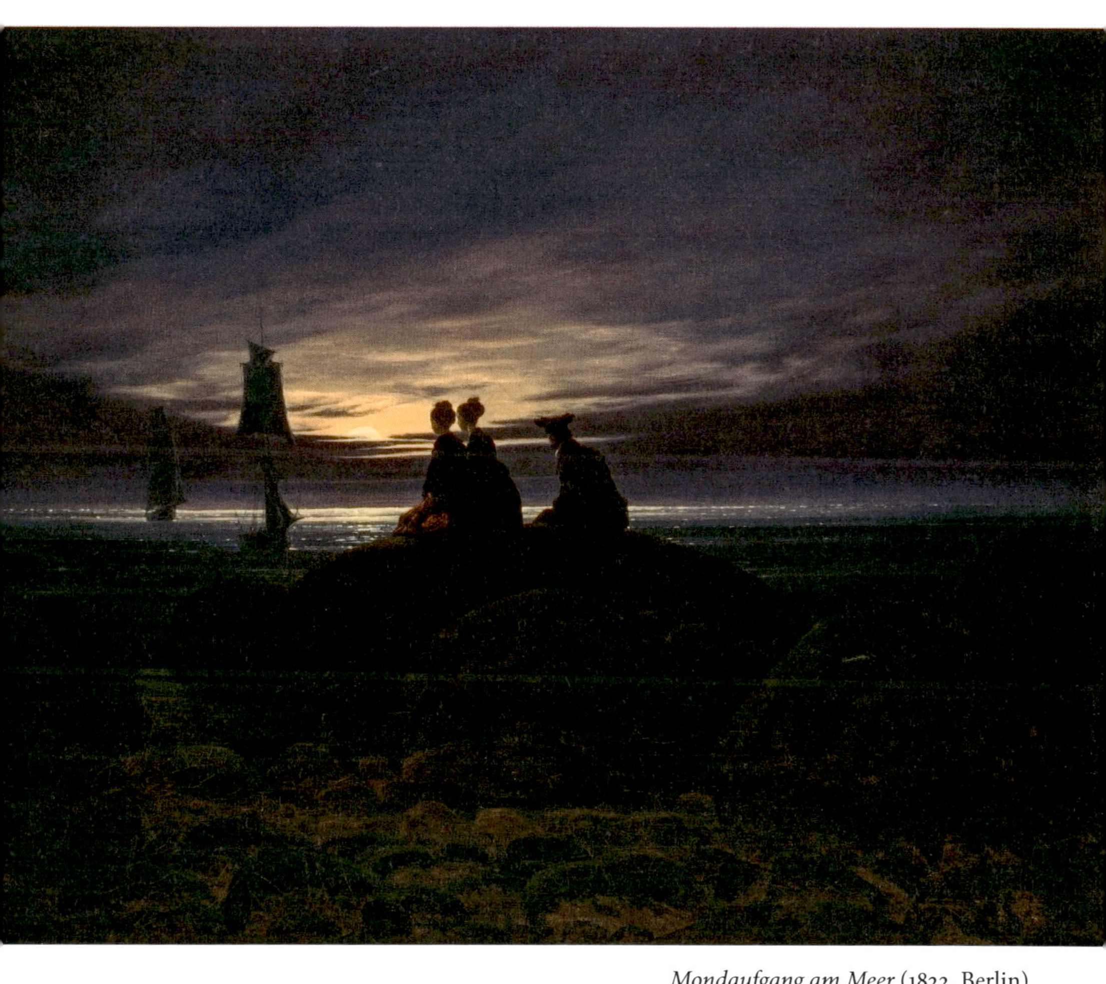

Mondaufgang am Meer (1822, Berlin)

BETTINE VON ARNIM

Seelied

Es schien der Mond gar helle,
Die Sterne blinkten klar,
Es schliefen tief die Wellen,
Das Meer ganz stille war.

Ein Schifflein lag vor Anker,
Ein Schiffer trat herfür:
Ach wenn doch all mein Leiden
Hier tief versunken wär.

Mein Schifflein liegt vor Anker,
Hab keine Ladung drin,
Ich lad ihm auf mein Leiden,
Und lass es fahren hin.

Und als er sich entrissen
Die Schmerzen mit Gewalt,
Da war sein Herz zerrissen,
Sein Leben war erkalt.

Die Leiden all schon schwimmen
Auf hohem Meere frei,
Da heben sie an zu singen
Eine finstre Melodei.

Wir haben fest gesessen
In eines Mannes Brust,
Wo tapfer wir gestritten
Mit seines Lebens Lust.

Nun müssen wir hier irren
Im Schifflein hin und her;
Ein Sturm wird uns verschlingen,
Ein Ungeheuer im Meer.

Da mussten die Wellen erwachen
Bei diesem trüben Sang;
Verschlangen still den Nachen
Mit allem Leiden bang.

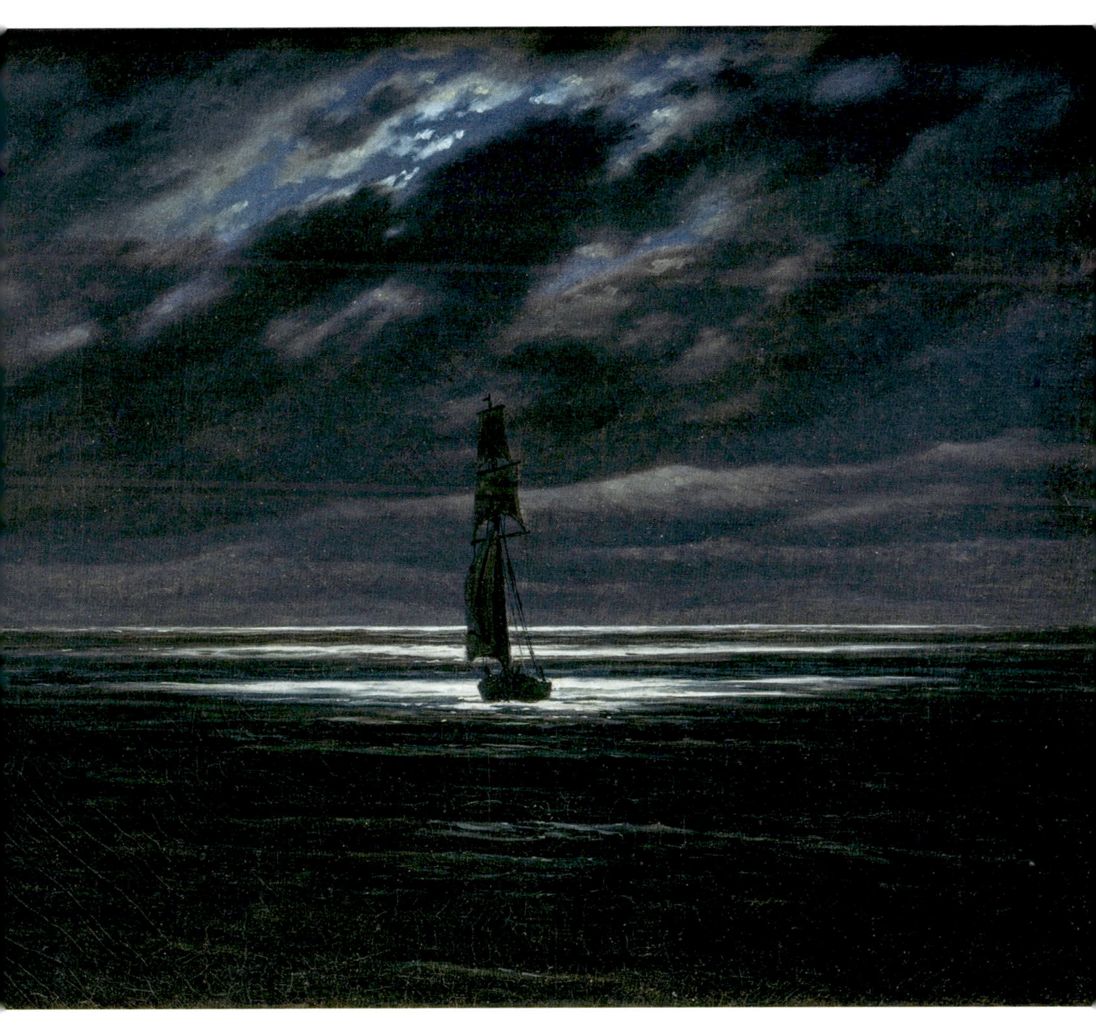

Seestück bei Mondschein (um 1827/28, Leipzig)

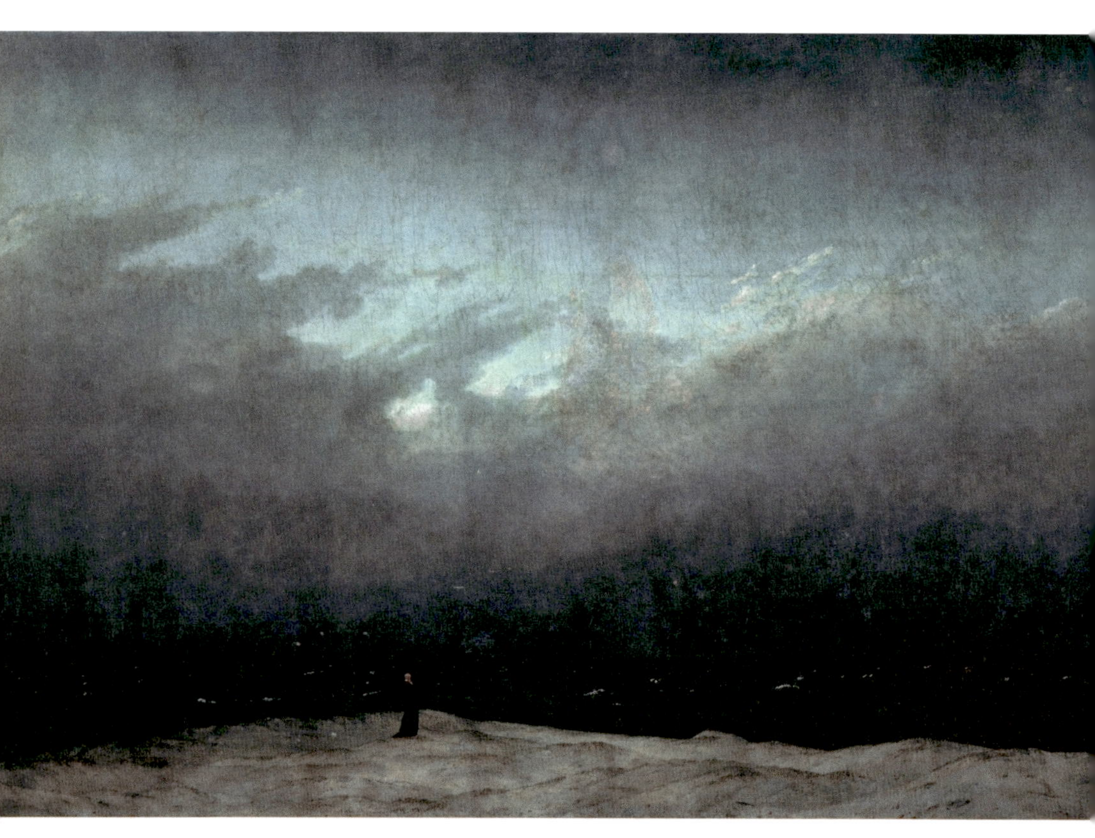

Der Mönch am Meer (um 1808/10, Berlin)

HEINRICH VON KLEIST

Empfindungen vor Friedrichs Seelandschaft

Nichts kann trauriger und unbehaglicher sein, als diese Stellung in der Welt: der einzige Lebensfunke im weiten Reiche des Todes, der einsame Mittelpunkt im einsamen Kreis. Das Bild liegt, mit seinen zwei oder drei geheimnisvollen Gegenständen, wie die Apokalypse da, als ob es Joungs Nachtgedanken hätte, und da es, in seiner Einförmigkeit und Uferlosigkeit, nichts, als den Rahm, zum Vordergrund hat, so ist es, wenn man es betrachtet, als ob Einem die Augenlieder weggeschnitten wären.

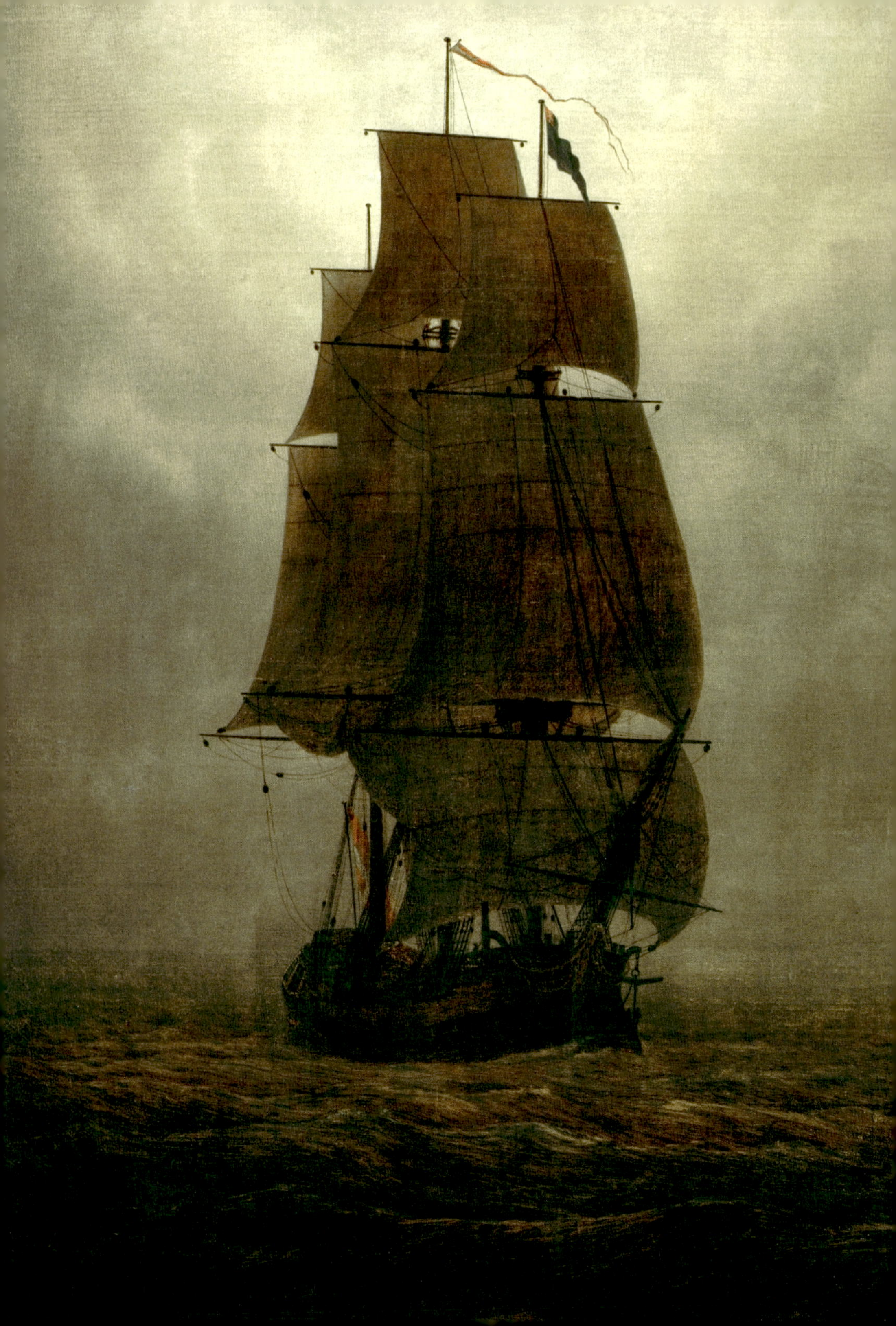

ACHIM VON ARNIM

Selbstberuhigung

Wie übers Meer die Schiffe
Zu heitrer Ferne ziehn,
Schlagt an der Laute Griffe
Dir selber zu entfliehn.

Die Ruder schlagen helle
In die kristallne Flut.
Es springet Well auf Welle,
Ein junges Blut tut gut.

Wie alle Segel schwellen,
Wie schäumt der muntre Kiel,
Mit Schäumen sich erhellen
Der dunklen Wellen viel.

Nun ruhet euch ihr Arme,
Ihr Ruder tröpfelt ab,
Ich fühle ein Erbarmen,
Das ich mir selber gab.

Die Winde sich versuchen,
Wie's in der Laute tönt,
Wer's Leben will versuchen,
Der ist zur Stund versöhnt.

Im Schrecken zu genießen,
Schau um im raschen Blitz,
Verlorne Freuden grüßen
Dich neu im Menschenwitz.

Segelschiff im Nebel
(um 1815, Chemnitz)

AUGUST WILHELM SCHLEGEL

Meine Wahl

Geschäft und Sorge wohnt am dürren Strande
Und kann dem engen Kreislauf nicht entgehen;
Doch Phantasie lockt über ferne Seen
An sel'ge Inseln, wunderbare Lande.

Wie freudig lös ich meines Schiffleins Bande,
Was Ahndung spielet, nah enthüllt zu sehen!
Die Geister neugeborner Lieder wehen
Durch meiner Segel schwellende Gewande.

Verbrüderte Gefährten seh ich schweben:
Was schreckte wohl, dass ich dahinten bliebe?
Es leuchten milde Sterne, droht kein Wetter.

So leit, o süße Poesie! mein Leben;
Du Jugend in der Jugend, Lieb in Liebe,
Natur in der Natur, Gottheit der Götter!

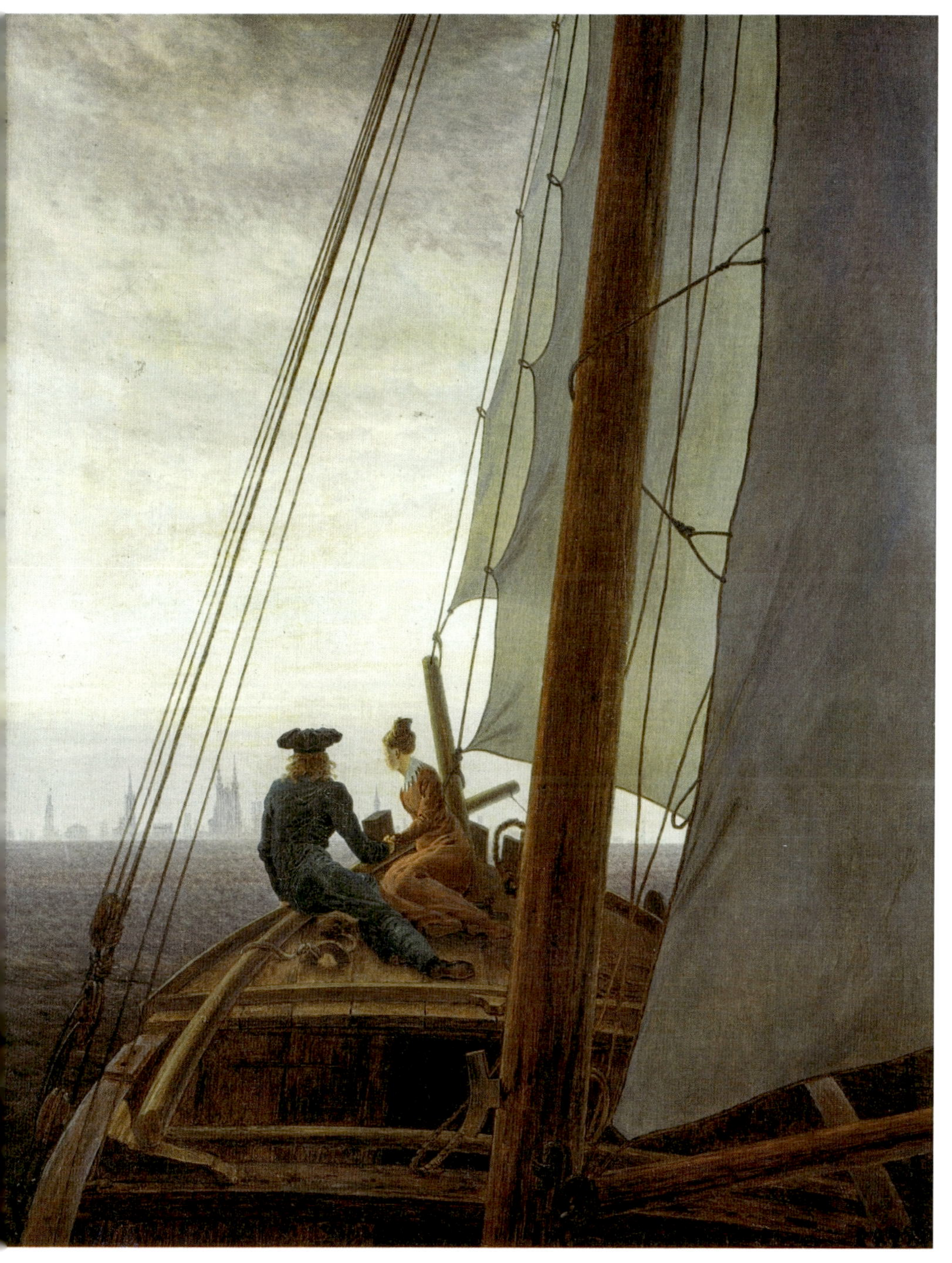

Auf dem Segler (1818/19, St. Petersburg)

MONDNÄCHTE

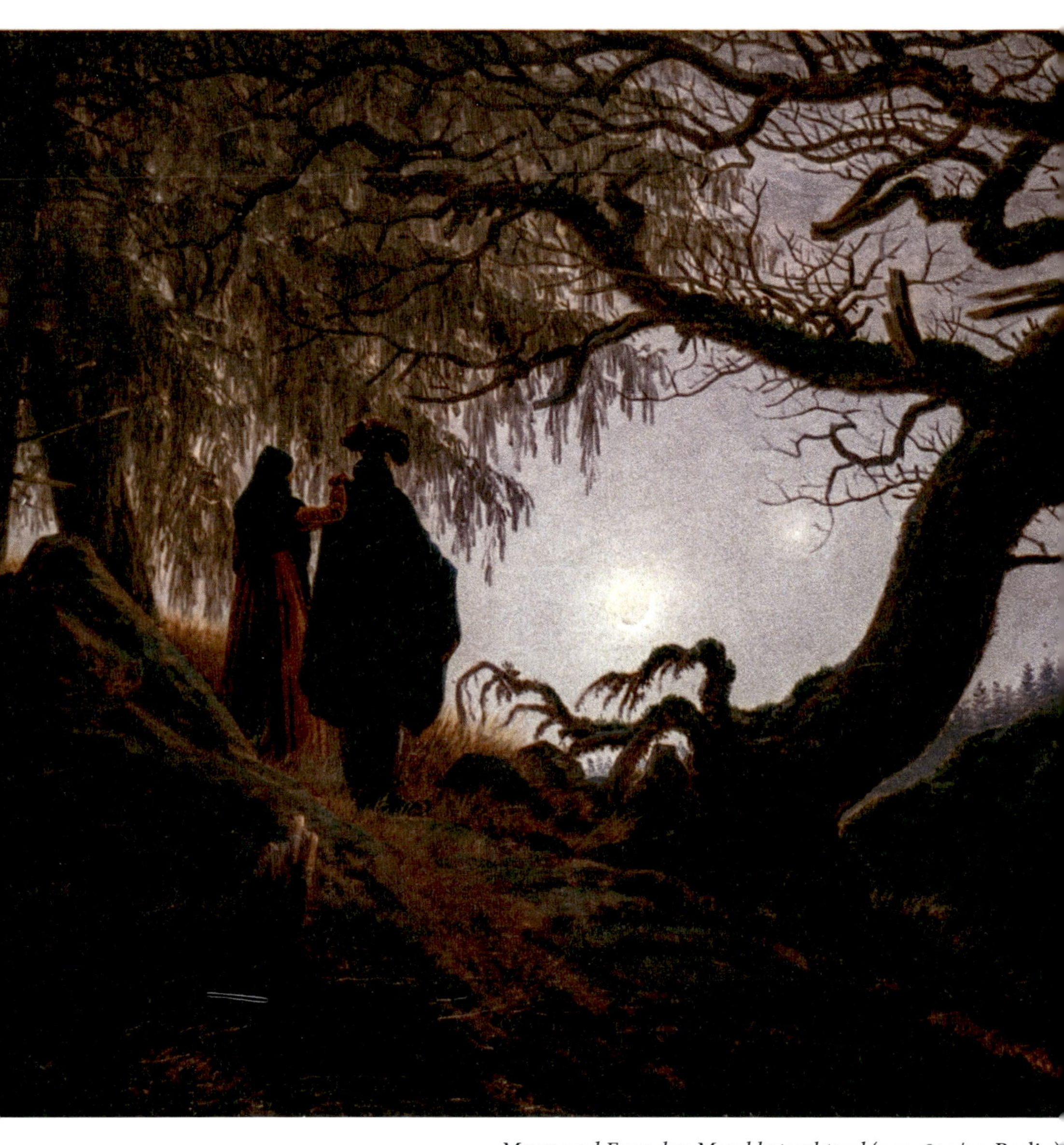

Mann und Frau den Mond betrachtend (um 1830/35, Berlin)

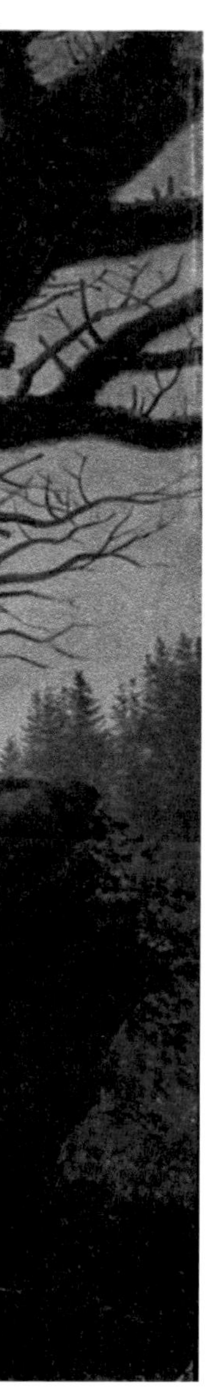

JOSEPH VON EICHENDORFF

Mondnacht

Es war, als hätt der Himmel
Die Erde still geküsst,
Dass sie im Blütenschimmer
Von ihm nun träumen müsst.

Die Luft ging durch die Felder,
Die Ähren wogten sacht,
Es rauschten leis die Wälder,
So sternklar war die Nacht.

Und meine Seele spannte
Weit ihre Flügel aus,
Flog durch die stillen Lande,
Als flöge sie nach Haus.

AUGUST GRAF VON PLATEN

Wie rafft ich mich auf in der Nacht, in der Nacht,
Und fühlte mich fürder gezogen,
Die Gassen verließ ich, vom Wächter bewacht,
Durchwandelte sacht
In der Nacht, in der Nacht,
Das Tor mit dem gotischen Bogen.

Der Mühlbach rauschte durch felsigen Schacht,
Ich lehnte mich über die Brücke,
Tief unter mir nahm ich der Wogen in Acht,
Die wallten so sacht
In der Nacht, in der Nacht,
Doch wallte nicht eine zurücke.

Es drehte sich oben, unzählig entfacht,
Melodischer Wandel der Sterne,
Mit ihnen der Mond in beruhigter Pracht,
Sie funkelten sacht
In der Nacht, in der Nacht,
Durch täuschend entlegene Ferne.

Ich blickte hinauf in der Nacht, in der Nacht,
Ich blickte hinunter aufs Neue:
O wehe, wie hast du die Tage verbracht.
Nun stille du sacht
In der Nacht, in der Nacht,
Im pochenden Herzen die Reue!

Stadt bei Mondaufgang
(um 1817, Winterthur)

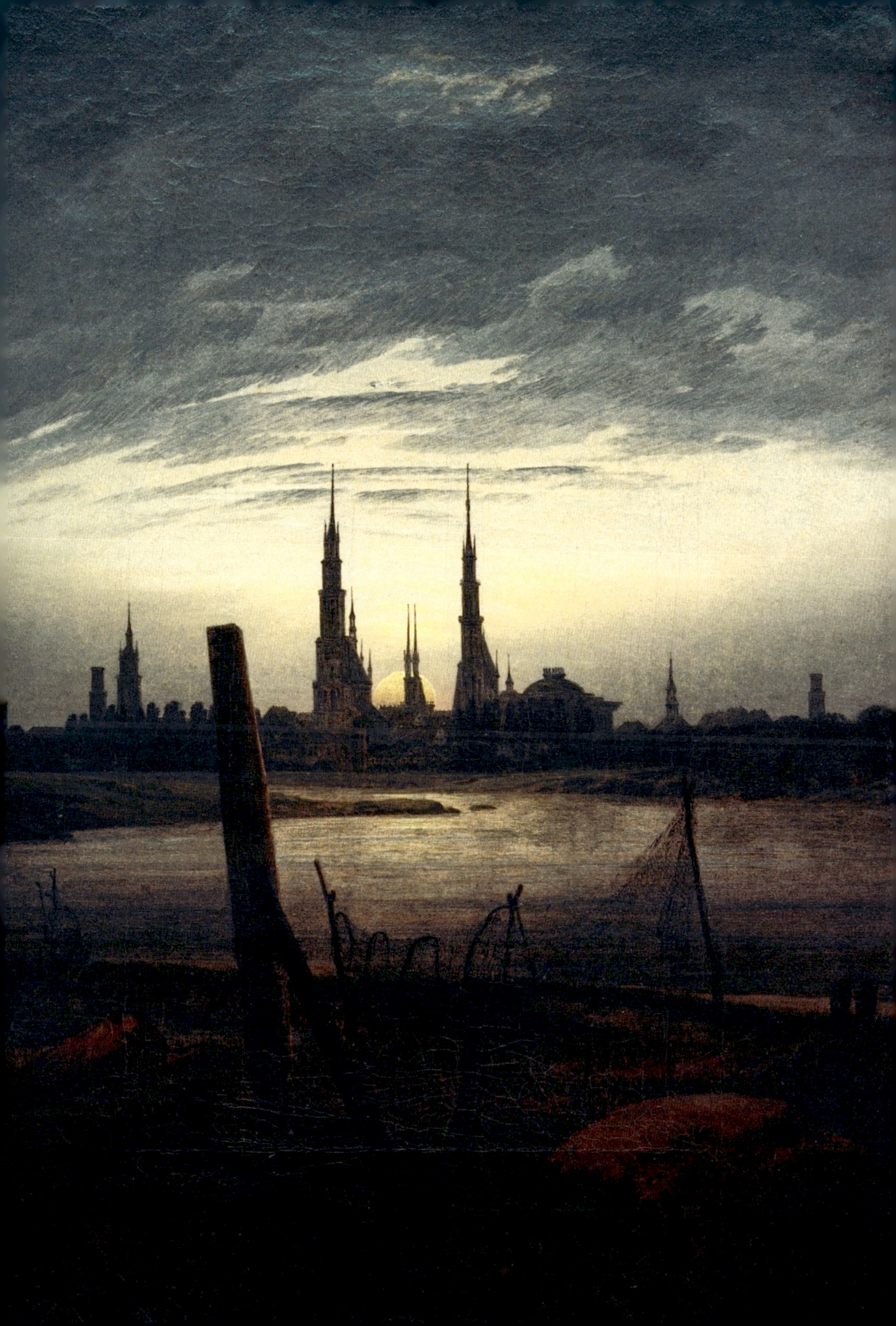

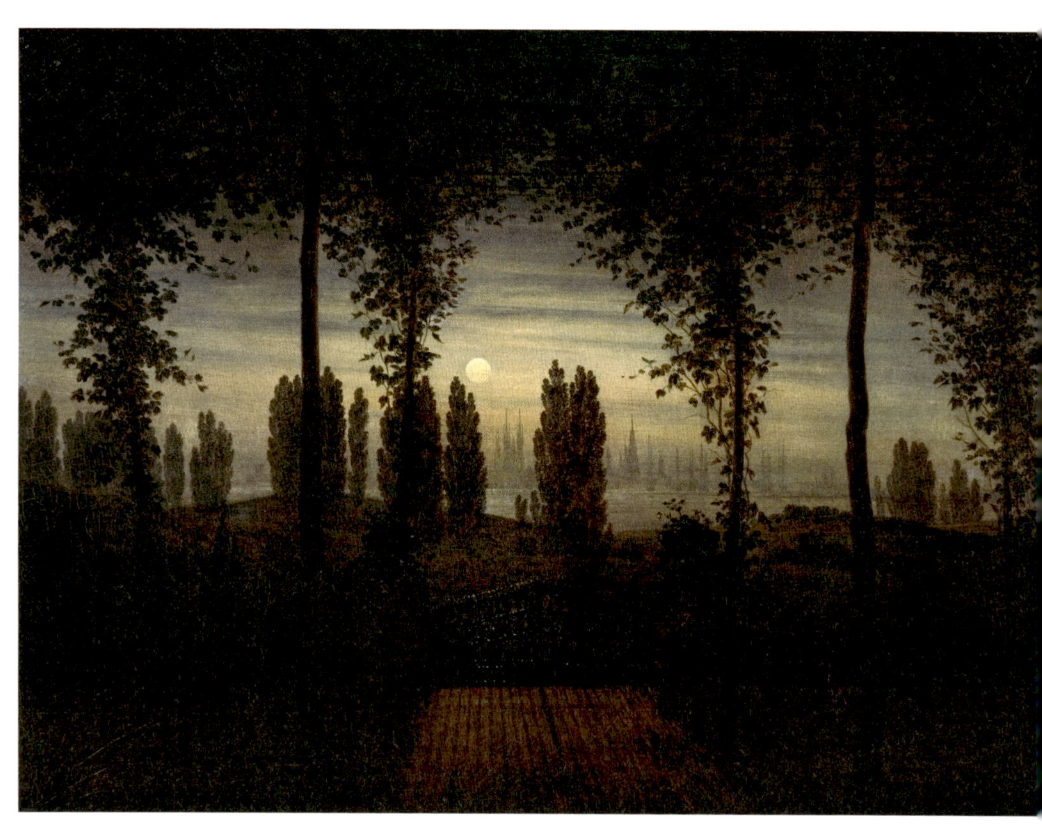

Gedächtnisbild für Johann Emanuel Bremer (um 1817, Berlin)

FRIEDRICH MÜLLER

Schlummerlied für Amor

Schließ, Amor, trautes Kind
Schließ, holder Gott, geschwind
Der Augen Zauberschein;
Der Schlummer wartet dein,
Mit ihm ein Frühlingsträumchen.
Dort am Orangenbäumchen
Schläft's noch, vom Flattern matt,
Auf einem Blütenblatt.
Bald säuselt es dir zu
Und senkt sein Goldgefieder
Dir auf die Augenlieder,
Und süße, süße Ruh.

O schließ den Zauberschein
Der Augen, und schlaf ein!
Die schönste Rose trägt,
Von Floren selbst gepflegt,
Im Purpurschoß dein Bettchen;
Dich deckt ein Nelkenblättchen;
Von Balsamdüften bist
Du lieblich übergossen,
Von Mondenglanz umflossen,
Vom Sternenlicht geküsst.

Still feiert rings die Nacht;
Zephyre halten Wacht
Um die erwählte Rose,
Geschmückt mit zartem Moose
Und wiegen sanft dich ein;
Auch flechten Amoretten
Dir schöne Silberketten
Aus Mond- und Sternenschein;
Jetzt lassen sie sich nieder,
Und senken ihr Gefieder
Und schlummern gähnend ein.

Nur du wachst noch allein!
O schließ die Augen zu!
Der Erdkreis liegt in Ruh,
Entschlummert schweigt der Hain,
Kein Laut entbebt den Triften
Kein Widerhall den Klüften;
Die Nachtigall allein,
Die Heroldin der Liebe,
Sie sinkt verschmähte Triebe.
O gib der Armen Ruh!
O schließ dein Auge zu!
So stillst du ihre Pein.
Schlaf, trautes Kind,
Schlaf ein!

HEINRICH HEINE

Die Götter Griechenlands

Vollblühender Mond! In deinem Licht,
Wie fließendes Gold, erglänzt das Meer;
Wie Tagesklarheit, doch dämmrig verzaubert,
Liegt's über der weiten Strandesfläche;
Und am hellblau'n, sternlosen Himmel
Schweben die weißen Wolken,
Wie kolossale Götterbilder
Von leuchtendem Marmor.

Nein, nimmermehr, das sind keine Wolken!
Das sind sie selber, die Götter von Hellas,
Die einst so freudig die Welt beherrschten,
Doch jetzt, verdrängt und verstorben,
Als ungeheure Gespenster dahinziehn
Am mitternächtlichen Himmel.
[…]

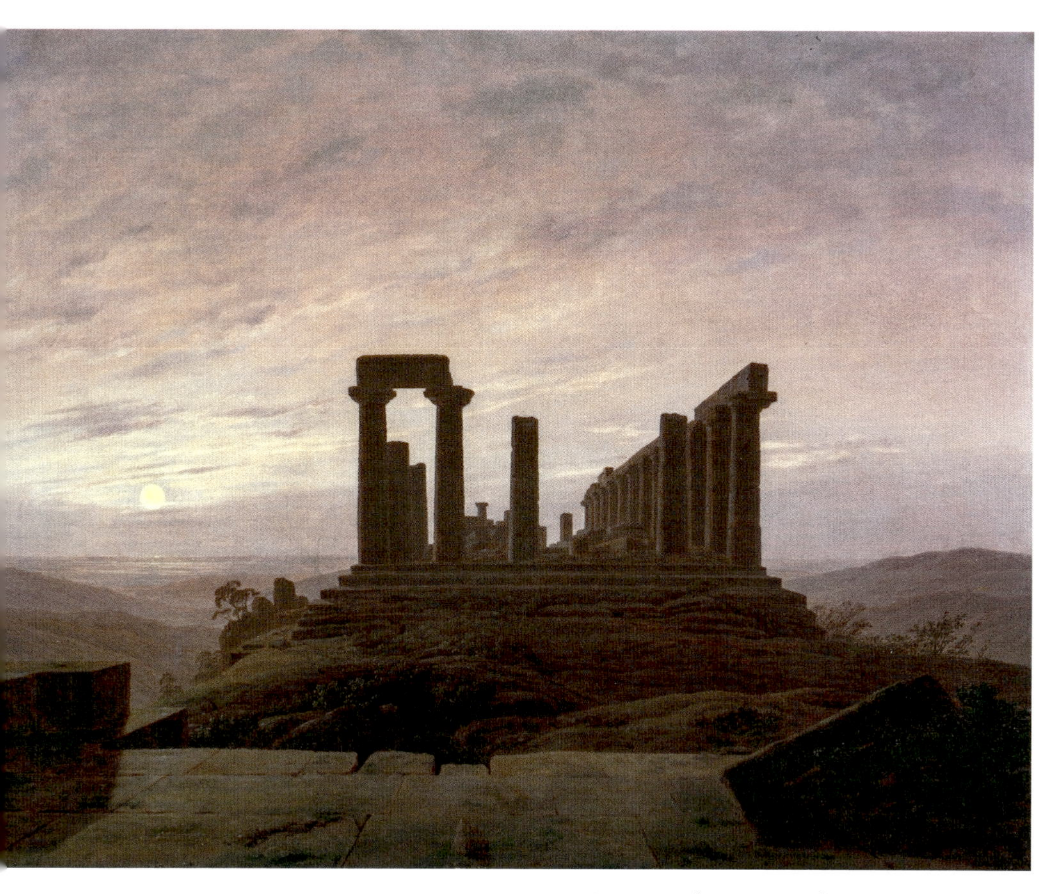

Junotempel in Agrigent (um 1830, Dortmund)

WALD UND GEBIRGE

FRIEDRICH HÖLDERLIN

Die Eichbäume

Aus den Gärten komm ich zu euch, ihr Söhne des Berges!
Aus den Gärten, da lebt die Natur geduldig und häuslich,
Pflegend und wieder gepflegt mit dem fleißigen Menschen zusammen.
Aber ihr, ihr Herrlichen! steht, wie ein Volk von Titanen
In der zahmeren Welt und gehört nur euch und dem Himmel,
Der euch nährt und erzog, und der Erde, die euch geboren.
Keiner von euch ist noch in die Schule der Menschen gegangen,
Und ihr drängt euch fröhlich und frei, aus der kräftigen Wurzel,
Untereinander herauf und ergreift, wie der Adler die Beute,
Mit gewaltigem Arme den Raum, und gegen die Wolken
Ist euch heiter und groß die sonnige Krone gerichtet.
Eine Welt ist jeder von euch, wie die Sterne des Himmels
Lebt ihr, jeder ein Gott, in freiem Bunde zusammen.
Könnt ich die Knechtschaft nur erdulden, ich neidete nimmer
Diesen Wald und schmiegte mich gern ans gesellige Leben.
Fesselte nur nicht mehr ans gesellige Leben das Herz mich,
Das von Liebe nicht lässt, wie gern würd ich unter euch wohnen!

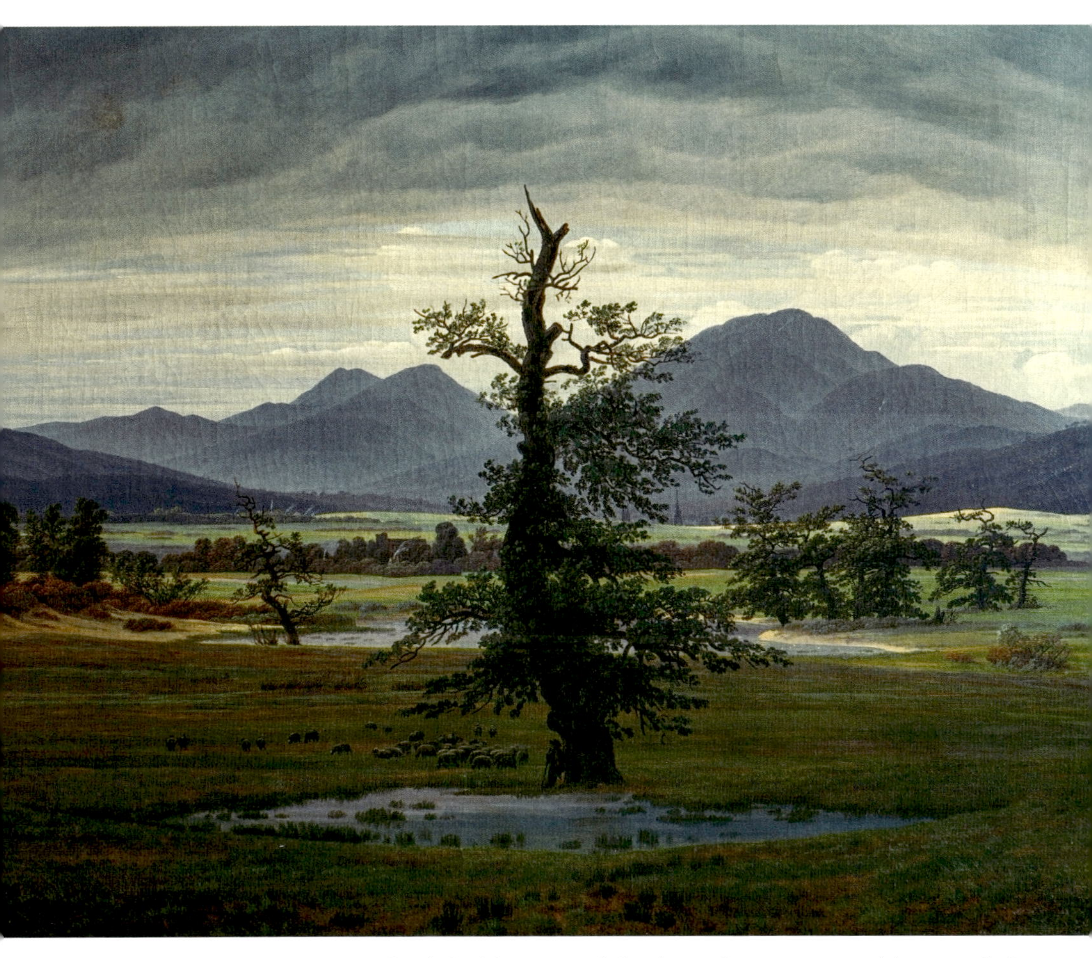

Dorflandschaft bei Morgenbeleuchtung (Einsamer Baum) (1822, Berlin)

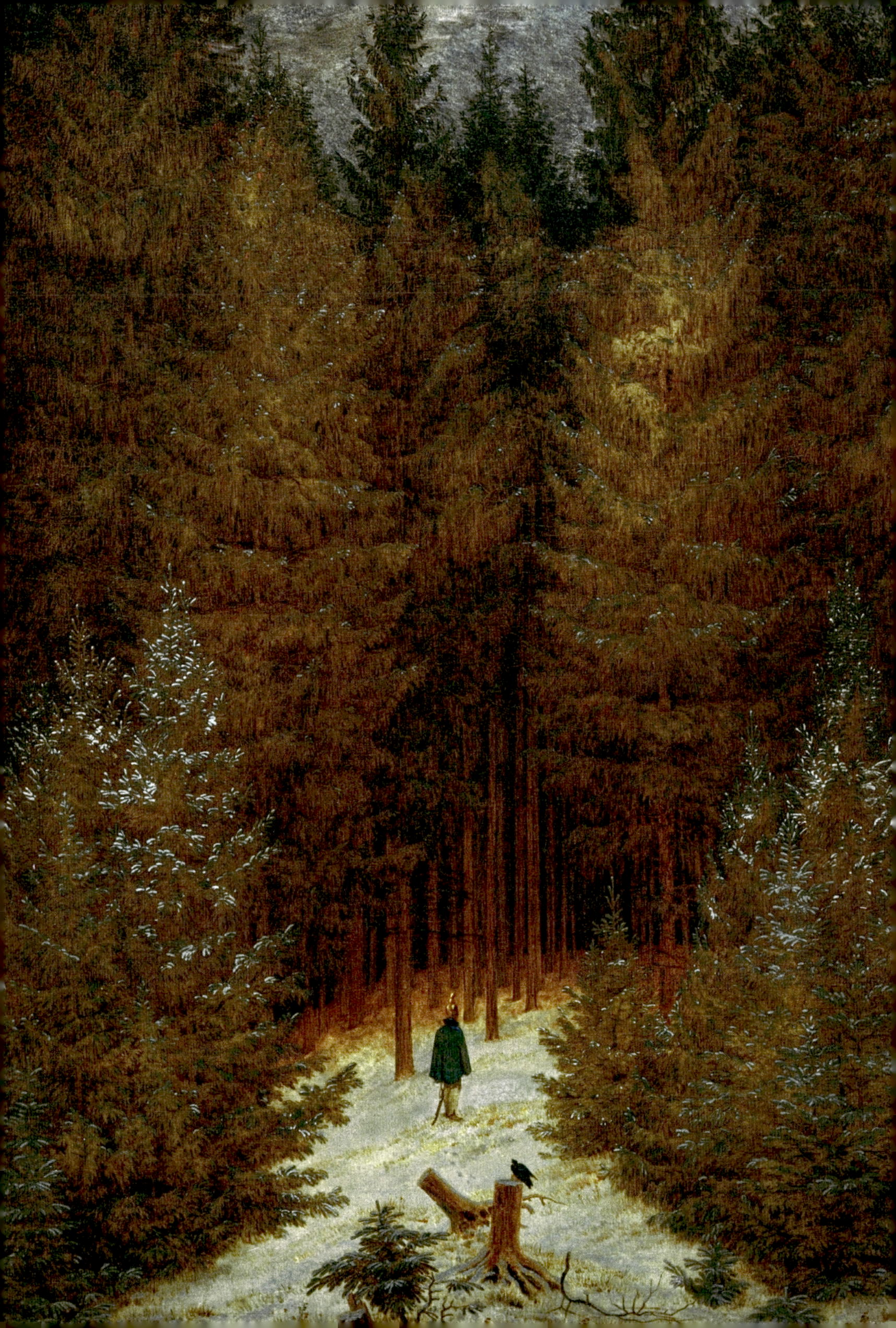

ACHIM VON ARNIM

Stolze Einsamkeit

Im Walde, im Walde, da wird mir so licht,
Wenn es in aller Welt dunkel,
Da liegen die trocknen Blätter so dicht,
Da wälz ich mich rauschend darunter,
Da mein ich zu schwimmen in rauschender Flut,
So gut ist's mir nimmer geworden.

Im Walde, im Walde, da wechselt das Wild
Wenn es in aller Welt stille,
Da trag ich ein flammendes Herz mir zum Schild,
Da steig ich, als stieß ich die Erde in Grund,
Da sing ich mich recht von Herzen gesund
So wohl ist mir nimmer geworden.

Im Walde, im Walde, da schrei ich mich aus,
Weil ich vor aller Welt schweige,
Da bin ich so frei, da bin ich zu Haus.
Was schadt's, wenn ich törigt mich zeige,
Ich stehe allein, wie ein festes Schloss,
Ich stehe in mir, ich fühle mich groß,
So groß als noch keiner geworden.

Im Walde, im Walde, da kommt mir die Nacht,
Wenn es in aller Welt funkelt,
Da nahet sie mir so ernst und so sacht,
Dass ich in den Schoß ihr gesunken,
Da löschet sie aller Tage Schuld,
Mit ihrem Atem voll Tod und voll Huld,
Da sterb ich und werde geboren.

Der Chasseur im Walde
(1814, Privatbesitz)

CLEMENS BRENTANO

O kühler Wald
Wo rauschest Du?
In dem mein Liebchen geht,
O Widerhall
Wo lauschest Du
Der gern mein Lied versteht.

O Widerhall,
O sängst Du ihr
Die süßen Träume vor,
Die Lieder all,
O bring sie ihr,
Die ich so früh verlor. –

Im Herzen tief
Da rauscht der Wald
In dem mein Liebchen geht,
In Schmerzen schlief
Der Widerhall,
Die Lieder sind verweht.

Im Walde bin
Ich so allein,
O Liebchen wandre hier,
Verschallet auch
Manch Lied so rein,
Ich singe andre Dir.

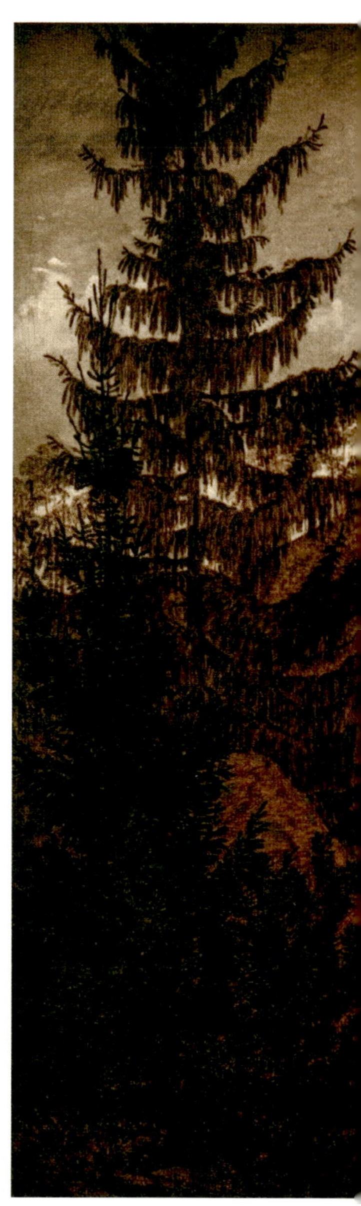

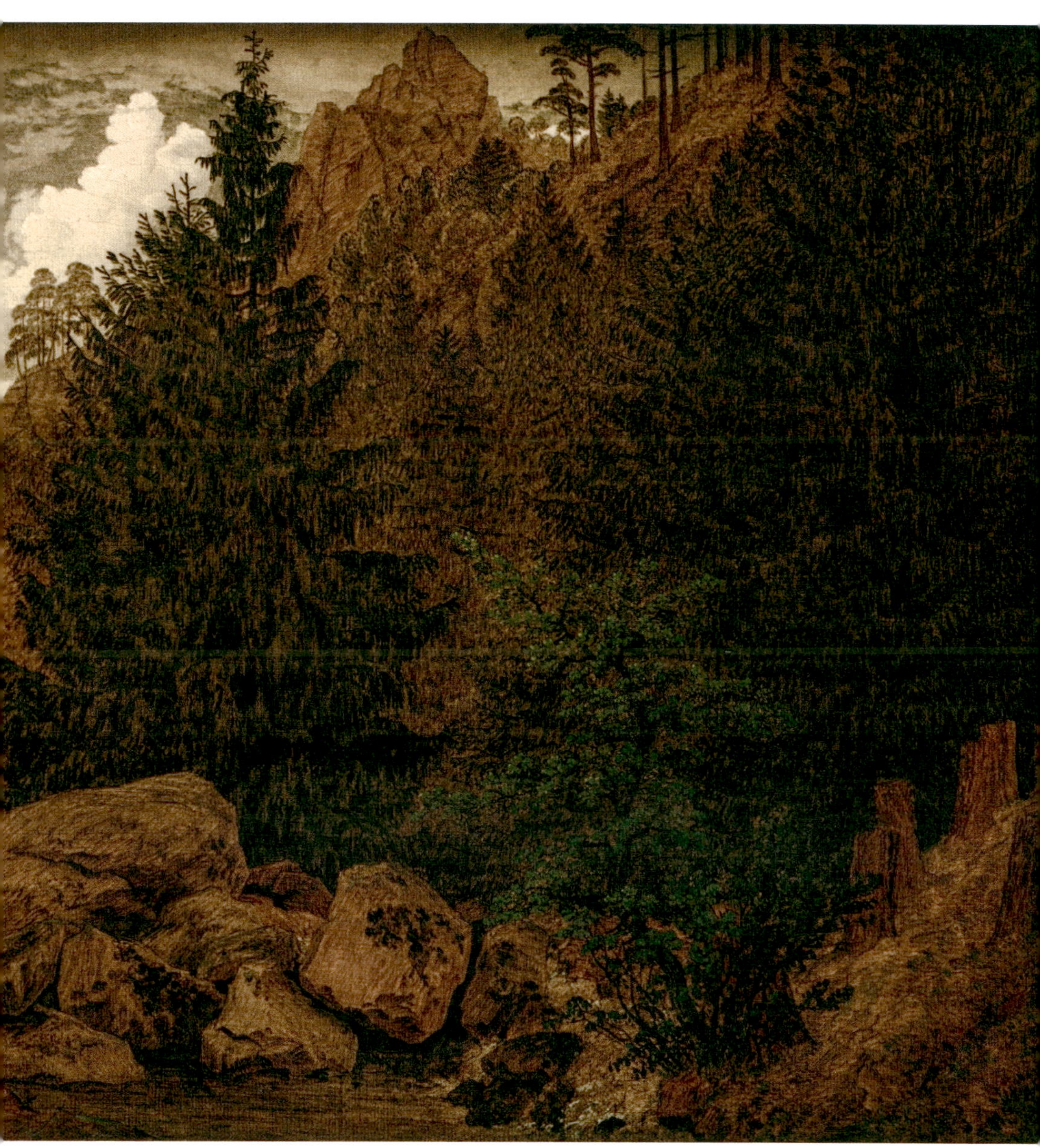

Felspartie im Harz (1811, Dresden)

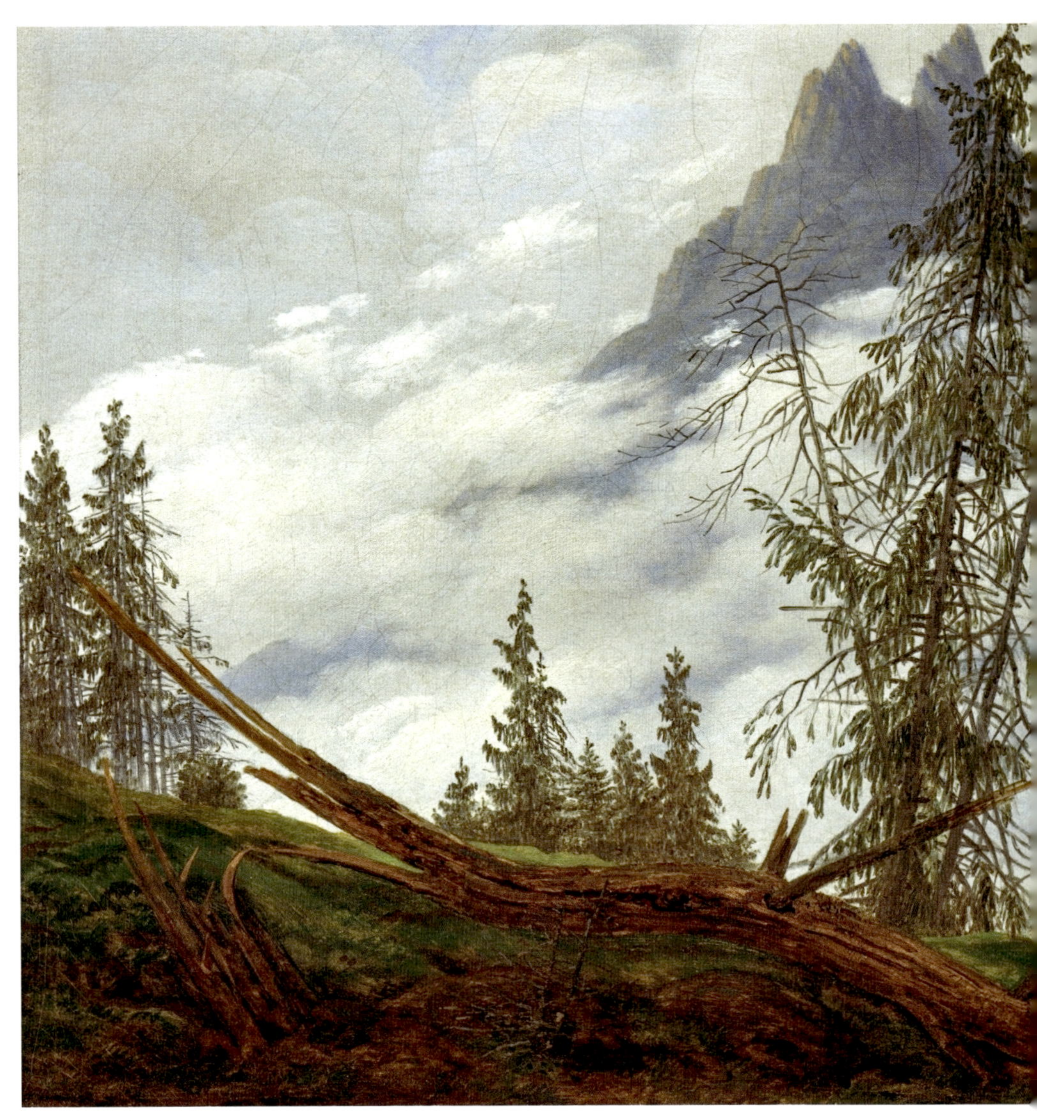

Hochgebirgsgipfel mit treibenden Wolken (um 1835, Fort Worth

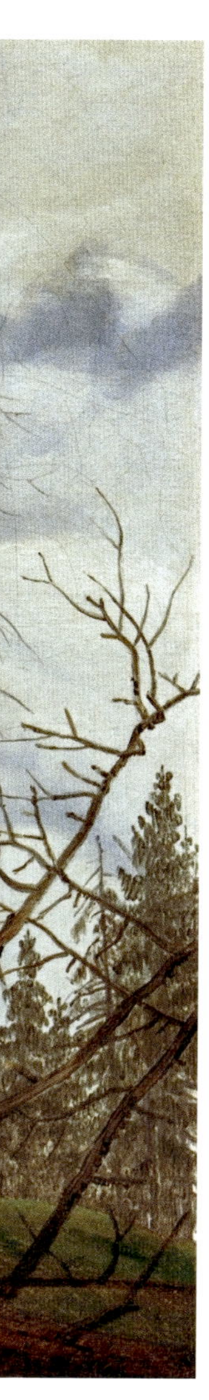

HEINRICH HEINE

Ein Fichtenbaum steht einsam
Im Norden auf kalter Höh.
Ihn schläfert; mit weißer Decke
Umhüllen ihn Eis und Schnee.

Er träumt von einer Palme,
Die, fern im Morgenland,
Einsam und schweigend trauert
Auf brennender Felsenwand.

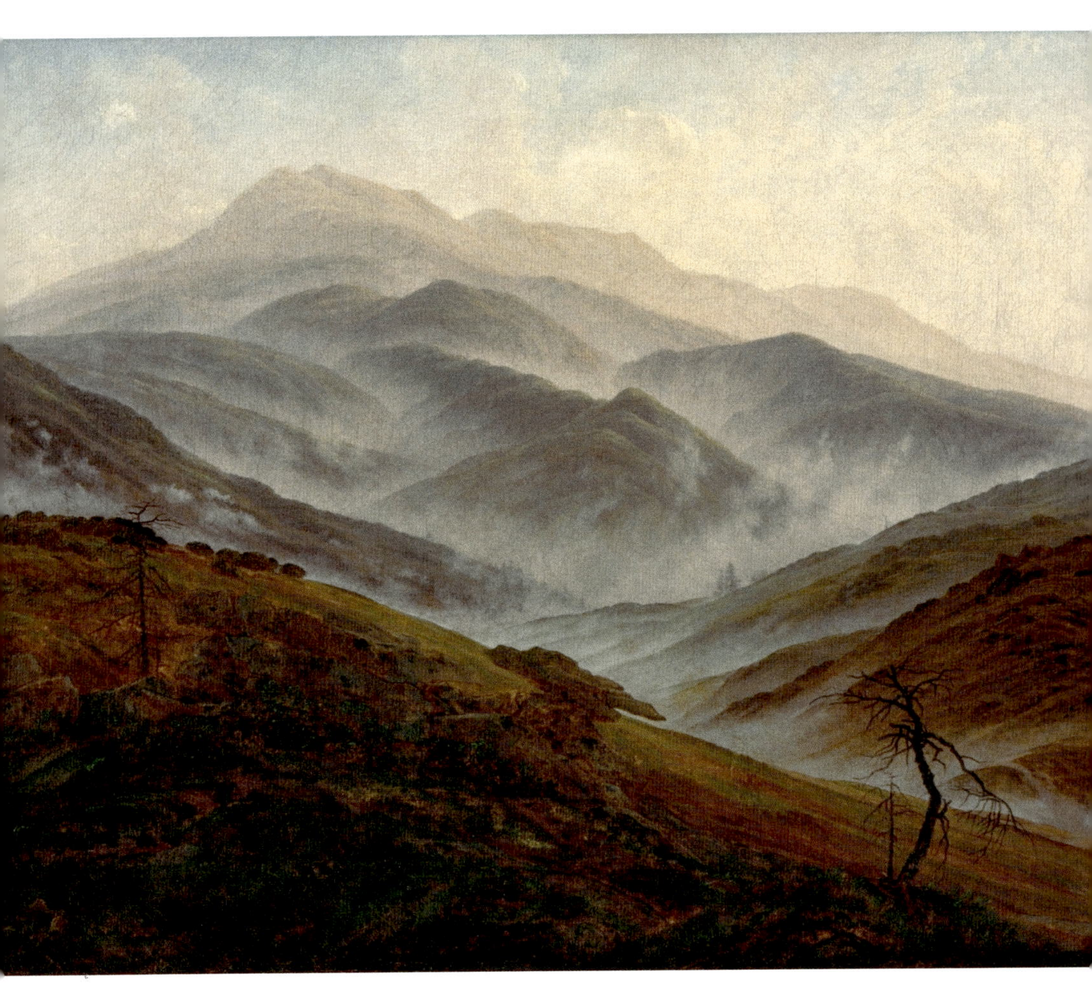

Riesengebirgslandschaft mit aufsteigendem Nebel (um 1820, Müncher

KAROLINE VON GÜNDERRODE

Der Kaukasus

Mir zu Häupten Wolken wandeln,
Mir zur Seite Luft verwehet,
Wellen mir den Fuß umspielen,
Türmen sich und brausen, sinken. –
Meine Schläfe, Jahr umgaukeln
Sommer, Frühling, Winter kamen,
Frühling mich nicht grün bekleidet,
Sommer hat mich nicht entzündet,
Winter nicht mein Haupt gewandelt.
Hoch mein Gipfel über Wolken
Eingetaucht im ew'gen Äther
Freuet sich des steten Lebens.

FRIEDRICH SCHLEGEL

Die Berge

Sieht uns der Blick gehoben,
So glaubt das Herz die Schwere zu besiegen;
Zu den Himmlischen oben
Will es dringen und fliegen.
Der Mensch, empor geschwungen,
Glaubt schon, er sei durch die Wolken gedrungen.

Bald muss er staunend merken,
Wie ewig fest wir auf uns selbst begründet.
Dann strebt in sichern Werken
Sein ganzes Tun, verbündet,
Vom Grunde nie zu wanken,
Und baut wie Felsen den Bau der Gedanken.

Und dann in neuen Freuden
Sieht er die kühnen Klippen spottend hangen;
Vergessend aller Leiden,
Fühlt er einzig Verlangen,
An dem Abgrund zu scherzen,
Denn hoher Mut schwillt ihm in hohem Herzen.

Kreidefelsen auf Rügen
(nach 1818, Winterthur

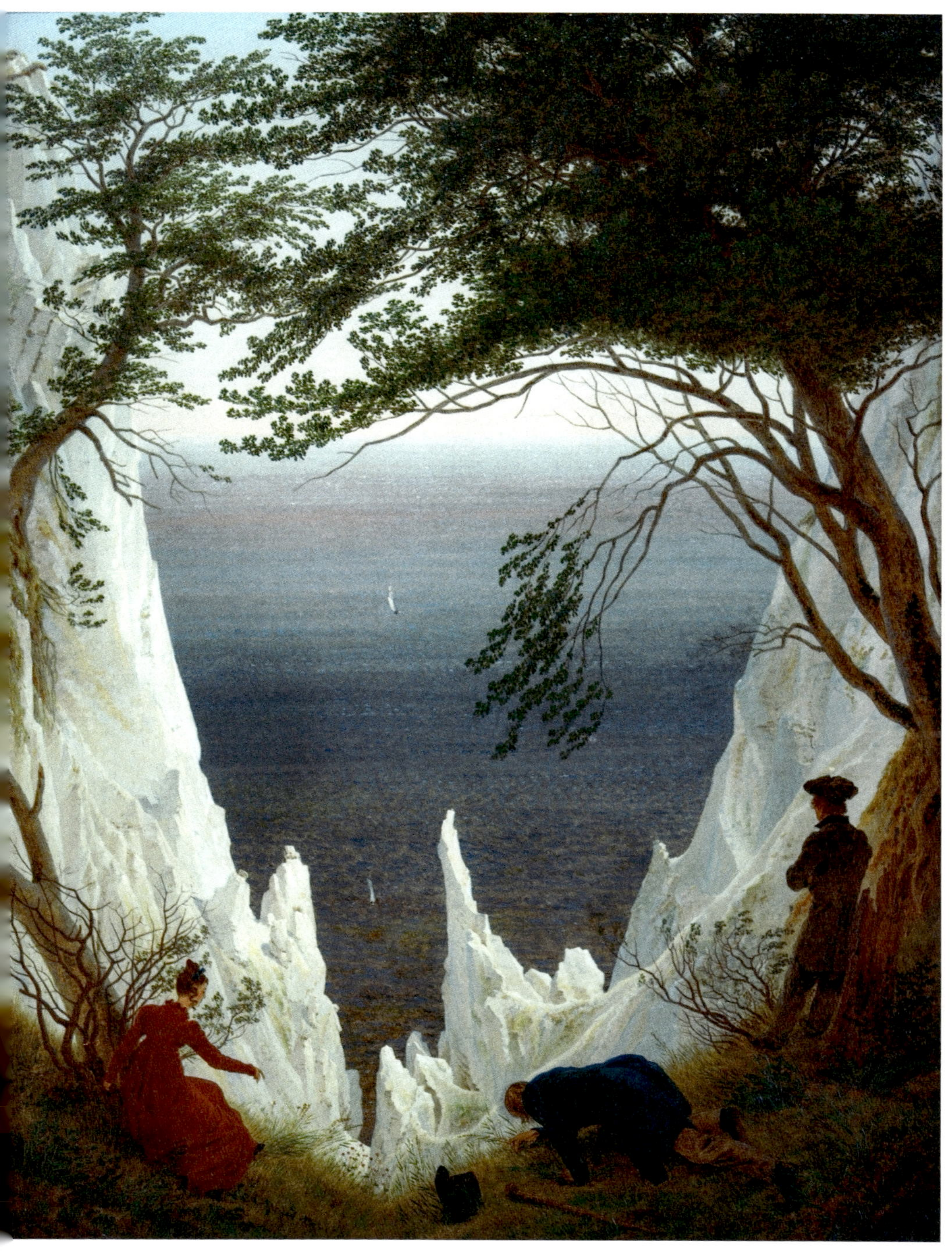

NOVALIS

Auf dem Grenzgebürge der Welt

Nun weiß ich, wenn der letzte Morgen sein wird – wenn das Licht nicht mehr die Nacht und die Liebe scheucht – wenn der Schlummer ewig und nur ein unerschöpflicher Traum sein wird. Himmlische Müdigkeit fühl ich in mir. – Weit und ermüdend ward mir die Wallfahrt zum heiligen Grabe, drückend das Kreuz. Die kristallene Woge, die gemeinen Sinnen unvernehmlich, in des Hügels dunkeln Schoß quillt, an dessen Fuß die irdische Flut bricht, wer sie gekostet, wer oben stand auf dem Grenzgebürge der Welt, und hinübersah in das neue Land, in der Nacht Wohnsitz – wahrlich der kehrt nicht in das Treiben der Welt zurück, in das Land, wo das Licht in ewiger Unruh hauset.

Oben baut er sich Hütten, Hütten des Friedens, sehnt sich und liebt, schaut hinüber, bis die willkommenste aller Stunden hinunter ihn in den Brunnen der Quelle zieht – das Irdische schwimmt obenauf, wird von Stürmen zurückgeführt, aber was heilig durch der Liebe Berührung ward, rinnt aufgelöst in verborgenen Gängen auf das jenseitige Gebiet, wo es, wie Düfte, sich mit entschlummerten Lieben mischt.

Der Wanderer über dem Nebelmeer (um 1818, Hamburg)

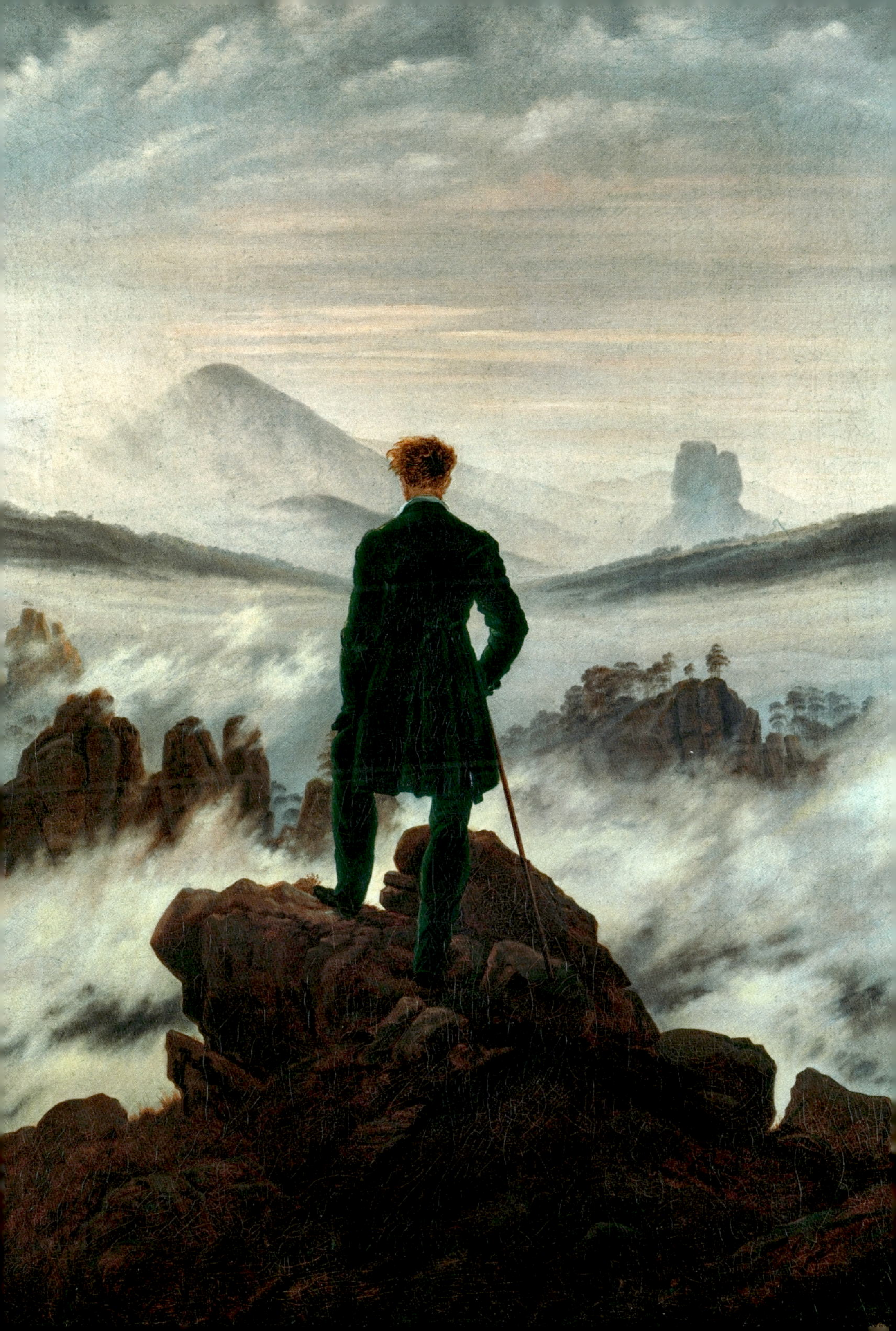

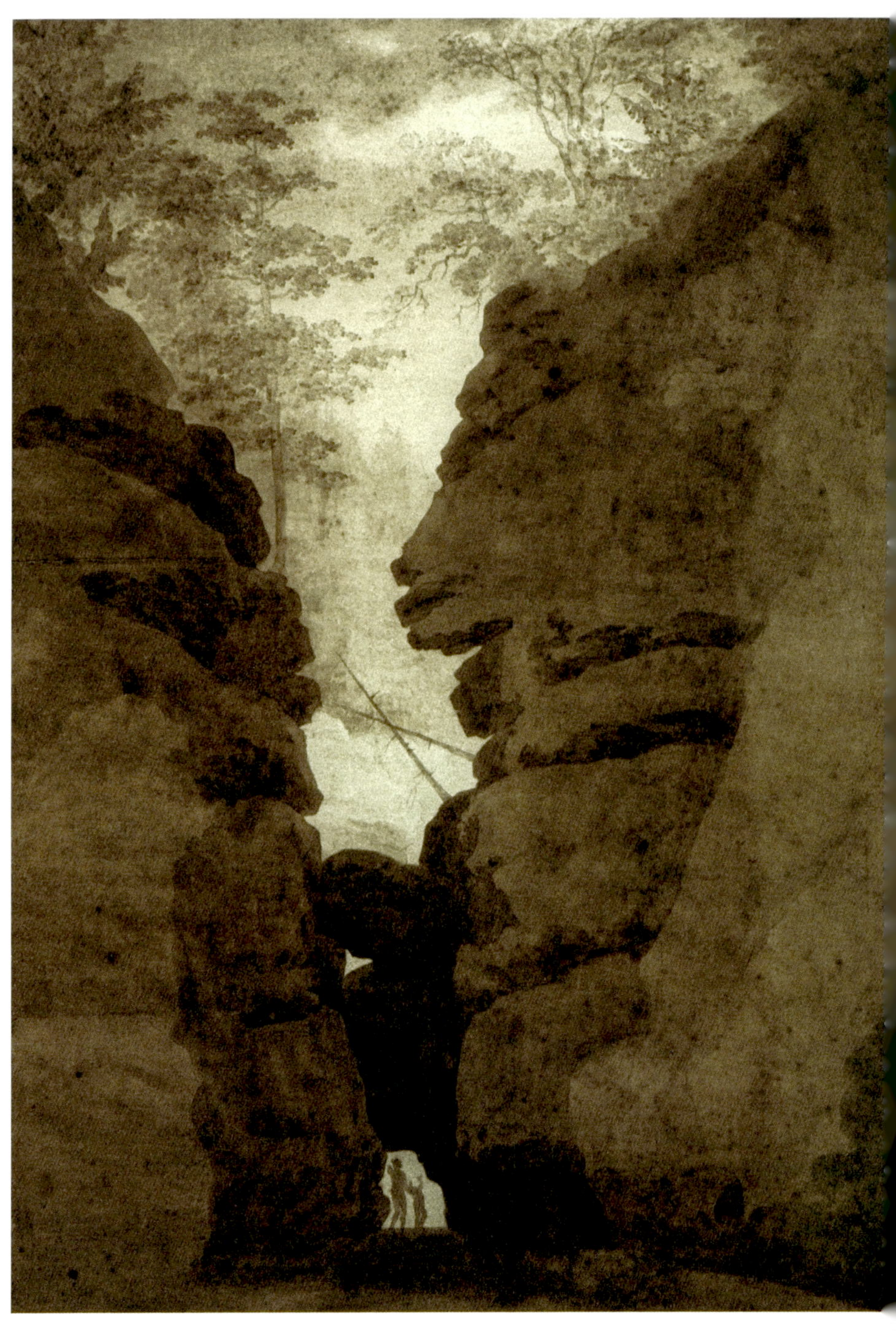

Felsentor im Uttewalder Grund (1801, Essen)

HEINRICH HEINE

Bergwanderung

Je höher man den Berg hinaufsteigt, desto kürzer, zwerghafter werden die Tannen, sie scheinen immer mehr und mehr zusammenzuschrumpfen, bis nur Heidelbeer- und Rotbeersträuche und Bergkräuter übrig bleiben. Da wird es auch schon fühlbar kälter. Die wunderlichen Gruppen der Granitblöcke werden hier erst recht sichtbar; diese sind oft von erstaunlicher Größe. Das mögen wohl die Spielbälle sein, die sich die bösen Geister einander zuwerfen in der Walpurgisnacht, wenn hier die Hexen auf Besenstielen und Mistgabeln einhergeritten kommen und die abenteuerlich verruchte Lust beginnt, wie die glaubhafte Amme es erzählt […].

WANDEL DER ZEIT

LUDWIG TIECK

Zeit

So wandelt sie, im ewig gleichen Kreise
Die Zeit nach ihrer alten Weise,
Auf ihrem Wege taub und blind
Das unbefangne Menschenkind
Erwartet stets vom nächsten Augenblick
Ein unverhofftes seltsam neues Glück.
Die Sonne geht und kehret wieder,
Kommt Mond und sinkt die Nacht hernieder,
Die Stunden die Wochen abwärts leiten,
Die Wochen bringen die Jahrszeiten.
Von außen nichts sich je erneut,
In Dir trägst du die wechselnde Zeit,
In Dir nur Glück und Begebenheit.

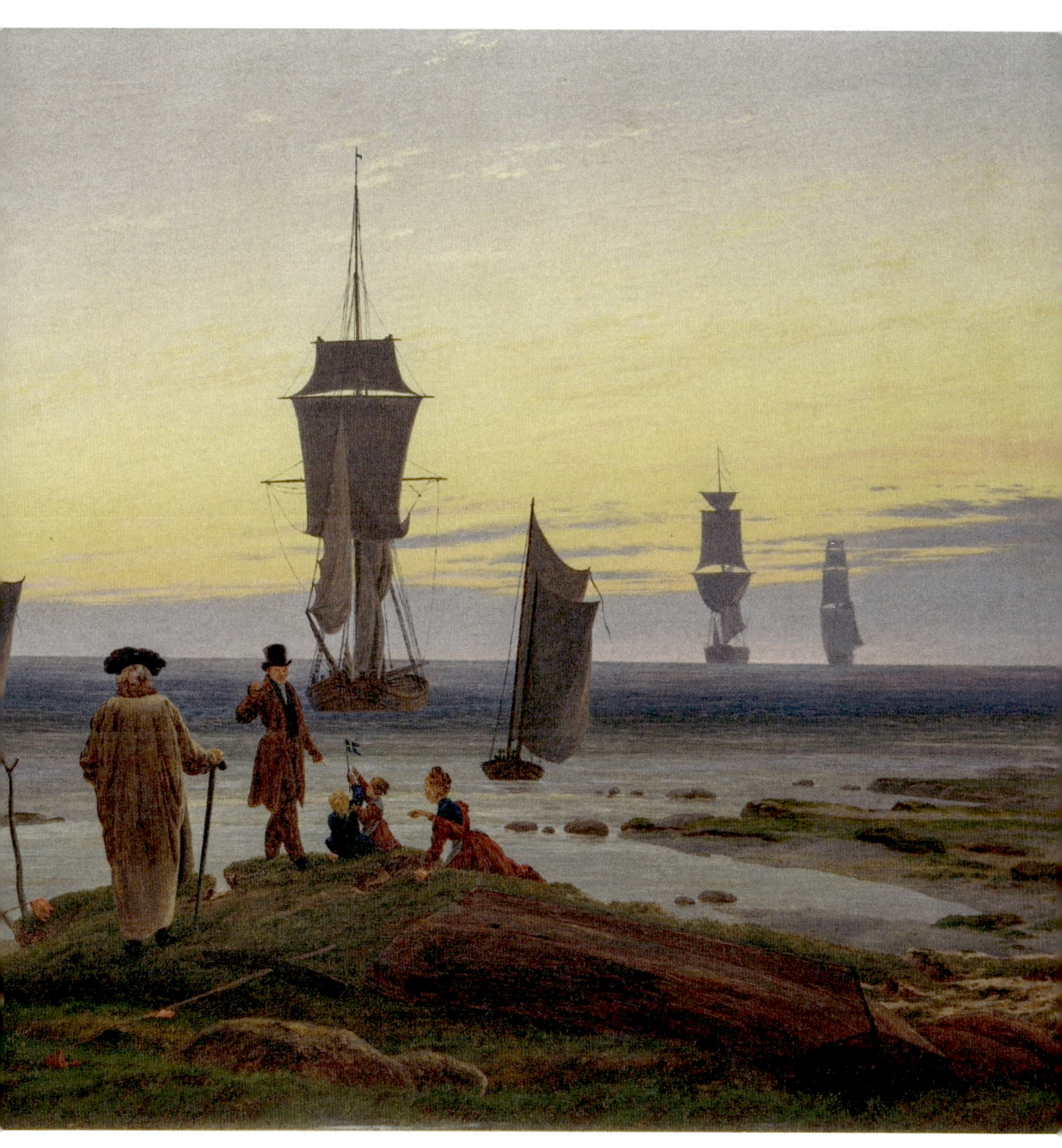

Die Lebensstufen (um 1834, Leipzig)

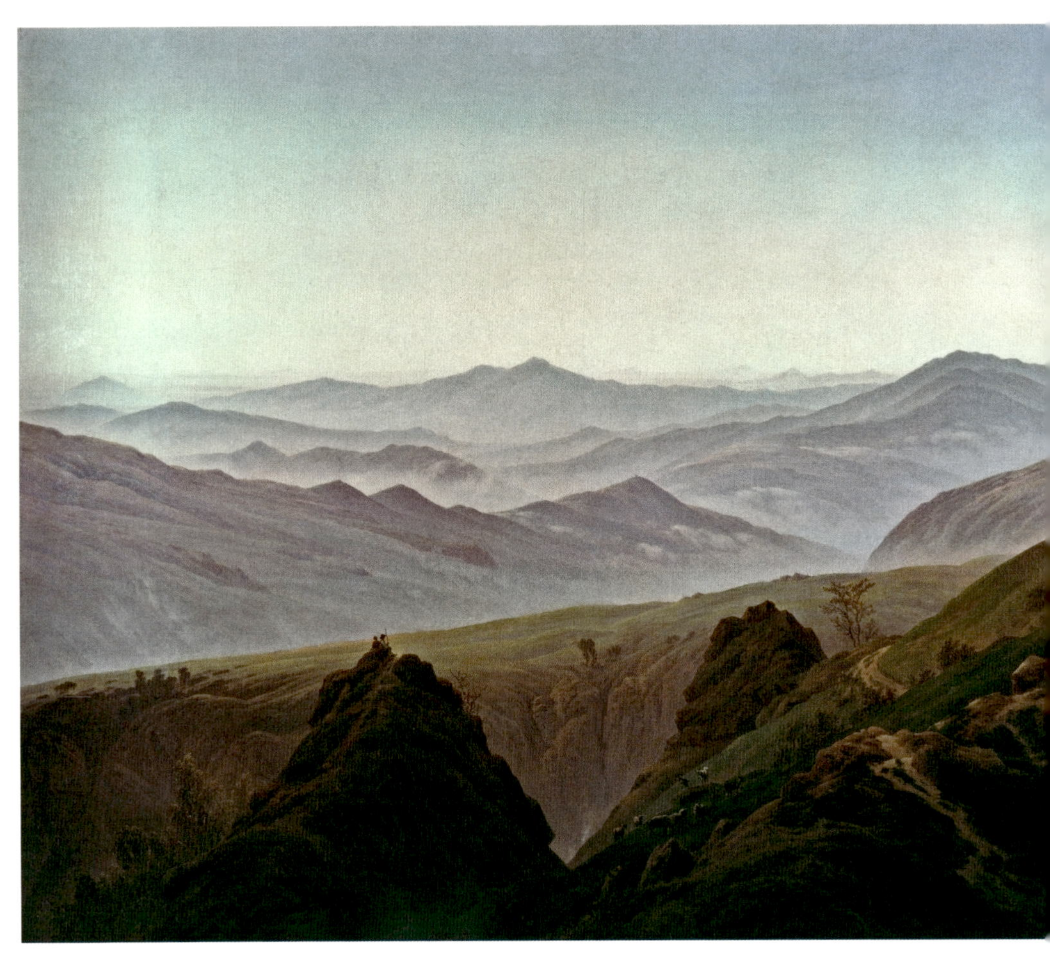

Der Morgen im Gebirge (1822/25, St. Petersburg

HEINRICH HEINE

Heller wird es schon im Osten
Durch der Sonne kleines Glimmen,
Weit und breit die Bergesgipfel
In dem Nebelmeere schwimmen.

Hätt ich Siebenmeilenstiefel,
Lief ich mit der Hast des Windes,
Über jene Bergesgipfel,
Nach dem Haus des lieben Kindes.

Von dem Bettchen, wo sie schlummert,
Zög ich leise die Gardinen,
Leise küsst ich ihre Stirne,
Leise ihres Munds Rubinen.

Und noch leiser wollt ich flüstern
In die kleinen Lilien-Ohren:
Denk im Traum, dass wir uns lieben,
Und dass wir uns nie verloren.

FRIEDRICH HÖLDERLIN

Des Morgens

Vom Taue glänzt der Rasen; beweglicher
Eilt schon die wache Quelle; die Buche neigt
Ihr schwankes Haupt und im Geblätter
Rauscht es und schimmert; und um die grauen

Gewölke streifen rötliche Flammen dort,
Verkündende, sie wallen geräuschlos auf;
Wie Fluten am Gestade, wogen
Höher und höher die Wandelbaren.

Komm nun, o komm, und eile mir nicht zu schnell,
Du goldner Tag, zum Gipfel des Himmels fort!
Denn offner fliegt, vertrauter dir mein
Auge, du Freudiger! zu, so lang du

In deiner Schöne jugendlich blickst und noch
Zu herrlich nicht, zu stolz mir geworden bist;
Du möchtest immer eilen, könnt ich,
Göttlicher Wandrer, mit dir! – doch lächelst

Des frohen Übermütigen du, dass er
Dir gleichen möchte; segne mir lieber dann
Mein sterblich Tun und heitre wieder
Gütiger! heute den stillen Pfad mir.

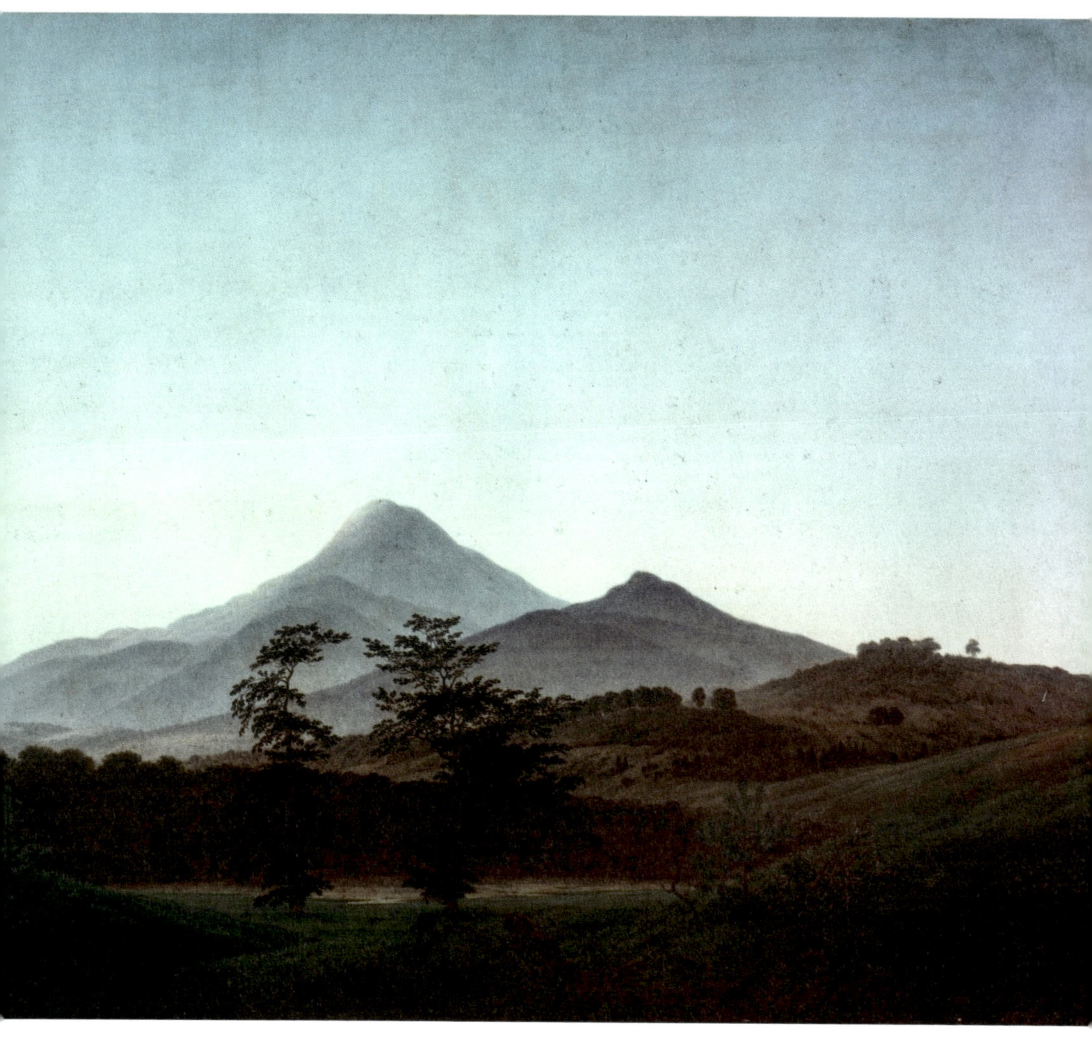

Böhmische Landschaft mit dem großen und kleinen Milleschauer (um 1810, Stuttgart)

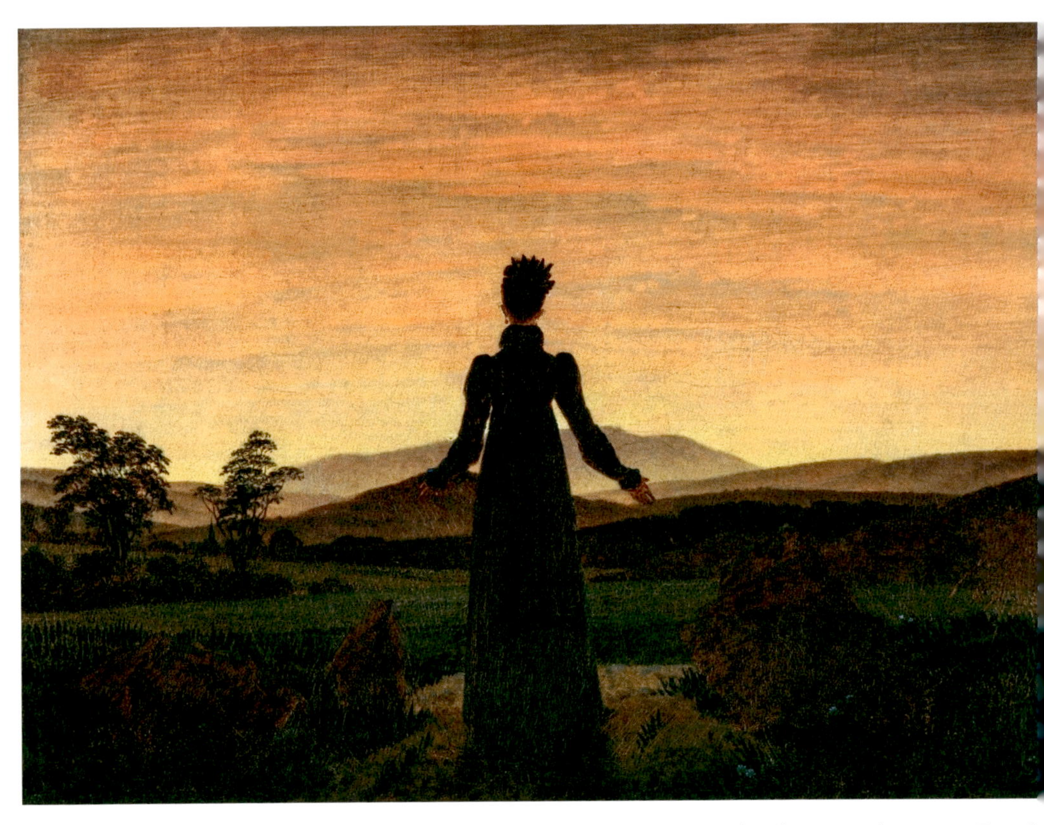

Frau vor der untergehenden Sonne (um 1808, Essen)

FRIEDRICH SCHLEGEL

Abendröte

Tiefer sinket schon die Sonne,
Und es atmet alles Ruhe,
Tages Arbeit ist vollendet,
Und die Kinder scherzen munter.
Grüner glänzt die grüne Erde,
Eh die Sonne ganz versunken;
Milden Balsam hauchen leise
In die Lüfte nun die Blumen,
Der die Seele zart berühret,
Wenn die Sinne selig trunken.
Kleine Vögel, ferne Menschen,
Berge himmelan geschwungen,
Und der große Silberstrom,
Der im Tale schlank gewunden,
Alles scheint dem Dichter redend,
Denn er hat den Sinn gefunden;
Und das All ein einzig Chor,
Manches Lied aus einem Munde.

FRIEDRICH HÖLDERLIN

Abendphantasie

Vor seiner Hütte ruhig im Schatten sitzt
Der Pflüger, dem Genügsamen raucht sein Herd.
Gastfreundlich tönt dem Wanderer im
Friedlichen Dorfe die Abendglocke.

Wohl kehren itzt die Schiffer zum Hafen auch,
In fernen Städten, fröhlich verrauscht des Markts
Geschäft'ger Lärm; in stiller Laube
Glänzt das gesellige Mahl den Freunden.

Wohin denn ich? Es leben die Sterblichen
Von Lohn und Arbeit; wechselnd in Müh und Ruh
Ist alles freudig; warum schläft denn
Nimmer nur mir in der Brust der Stachel?

Am Abendhimmel blühet ein Frühling auf;
Unzählig blühn die Rosen und ruhig scheint
Die goldne Welt; o dorthin nimmt mich,
Purpurne Wolken! und möge droben

In Licht und Luft zerrinnen mir Lieb und Leid! –
Doch, wie verscheucht von töriger Bitte, flieht
Der Zauber; dunkel wird's und einsam
Unter dem Himmel, wie immer, bin ich –

Komm du nun, sanfter Schlummer! zu viel begehrt
Das Herz; doch endlich, Jugend! verglühst du ja,
Du ruhelose, träumerische!
Friedlich und heiter ist dann das Alter.

Ansicht eines Hafen
(um 1815/16, Berlin/Potsdam

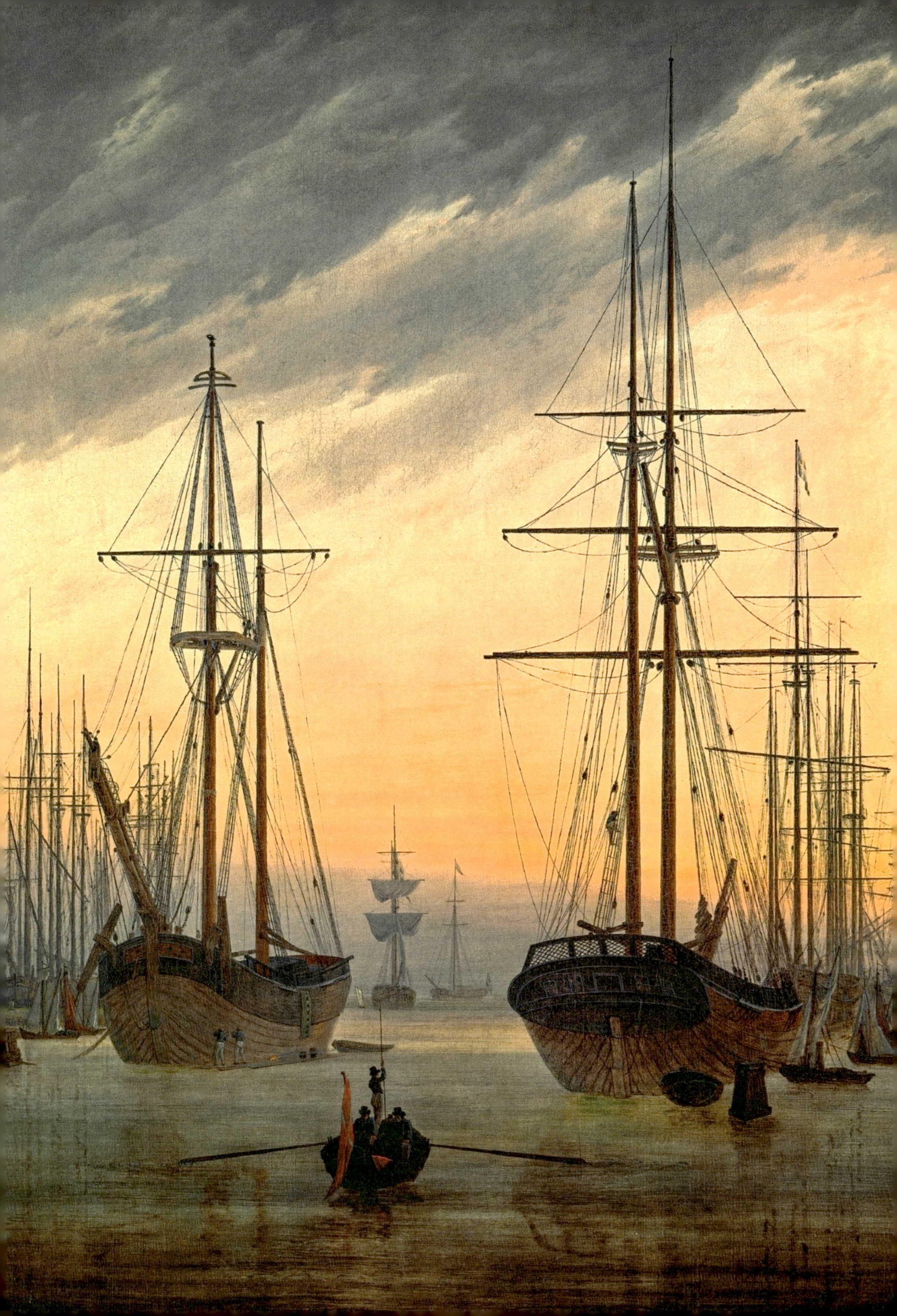

JOSEPH VON EICHENDORFF

Abend

Schweigt der Menschen laute Lust:
Rauscht die Erde wie in Träumen
Wunderbar mit allen Bäumen,
Was dem Herzen kaum bewusst,
Alte Zeiten, linde Trauer,
Und es schweifen leise Schauer
Wetterleuchtend durch die Brust.

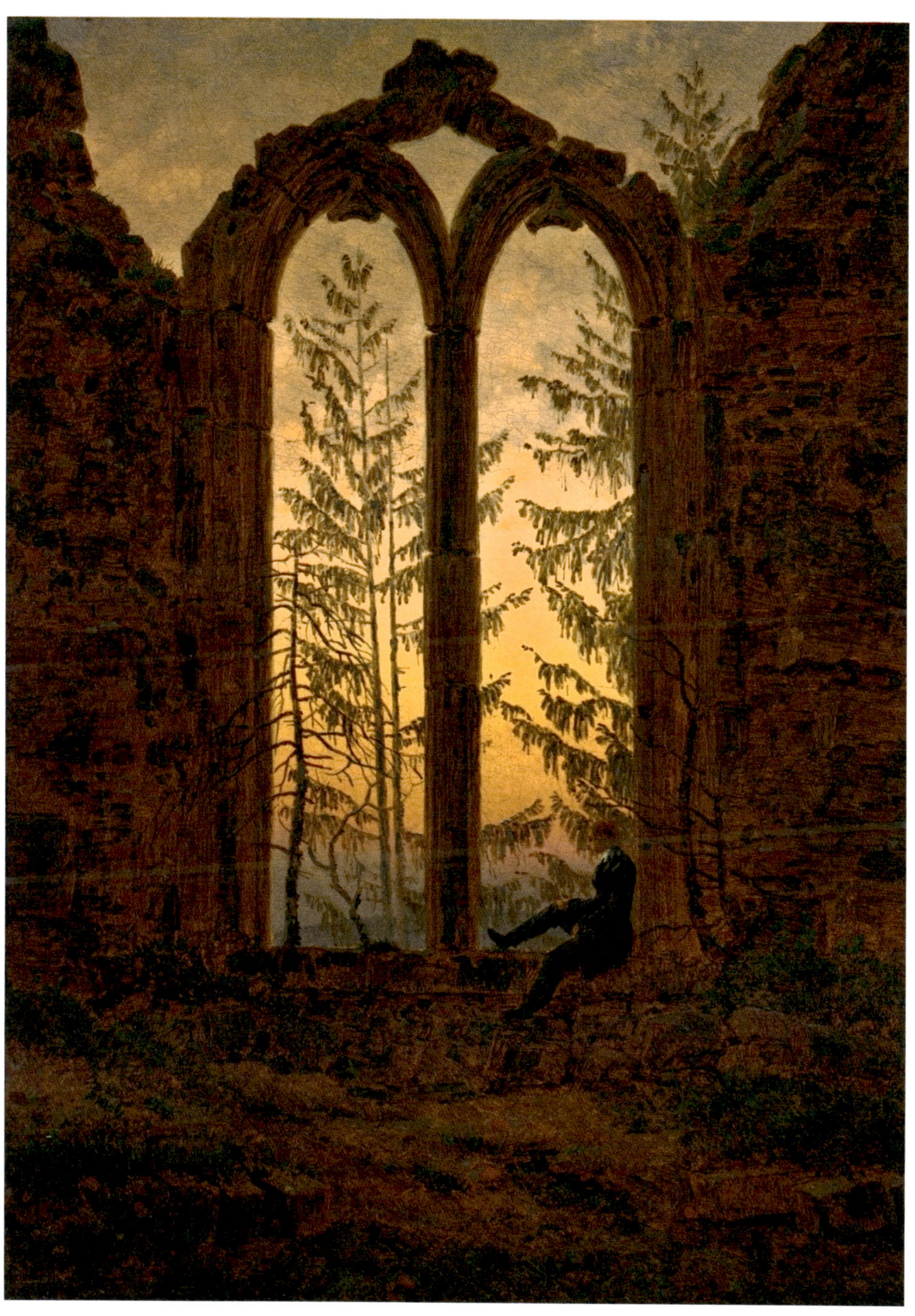

Der Träumer (nach 1835?, St. Petersburg)

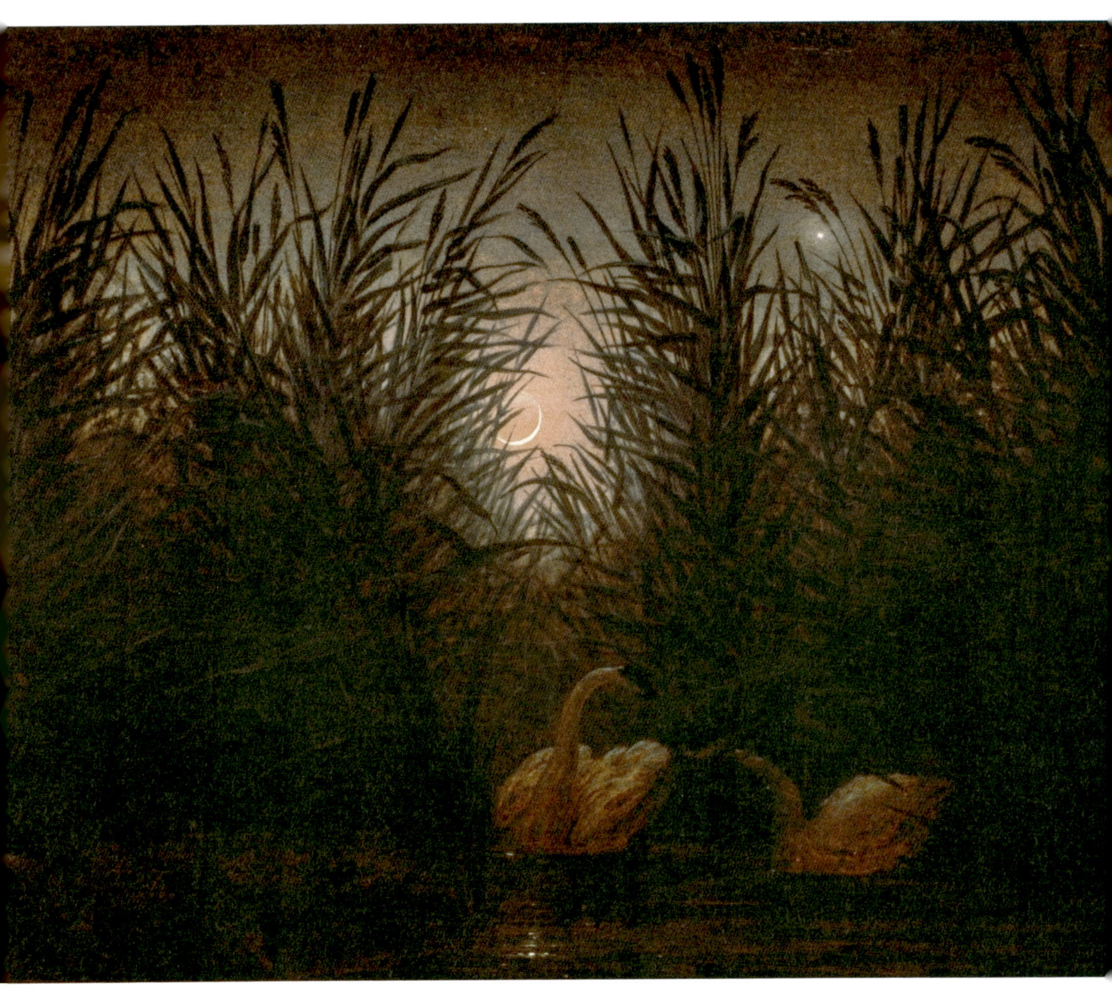

Schwäne im Schilf (um 1819/20, Frankfurt a. M.)

FRIEDRICH DE LA MOTTE FOUQUÉ

Saftgrünes Schilf baut hoch in Sees Runde
Sich auf zu kühn verschlungnen Domeshallen,
Drin Abendlichter feiernd lieblich wallen; –
Fern bleibt der wilden Welt verstörte Kunde.

Einsiedler Schwan wohnt auf krystallnem Grunde,
Sein ganzes Sein ein stilles Wohlgefallen
An Himmel, Flut und an den Wesen allen,
Geheilt, wenn je sie floss, ihm jede Wunde!

Hier möcht ich weilen, sinnig still hier lauschen,
Hier friedlich senken meine Liebesschwingen,
Mit heilgem Frieden Kampf und Sieg vertauschen.

Wie wird so feiernd einst im Todesringen
Dir, Schwan, dein unbefleckt Gefieder rauschen,
Wie süß dein letztes Leid im Lied verklingen!

LUDWIG TIECK

Andacht

Wann das Abendrot die Haine
Mit den Abschiedsflammen küsst, –
Wann im prächt'gen Morgenscheine
Lerchenklang die Sonne grüßt, –

O dann werf ich Jubellieder
Ins Lobpreisen der Natur,
Echo spricht die Töne wieder,
Alles preist den Ew'gen nur.

Mit den Quellen geht mein Grüßen,
Und das taube Herz in mir
Hat dem Gott erwachen müssen,
Der uns schirmet für und für.

Meereswogen laut erklingen,
In den Wäldern wohnt manch Schall:
Und wir sollten nicht besingen,
Da die Freude überall? –

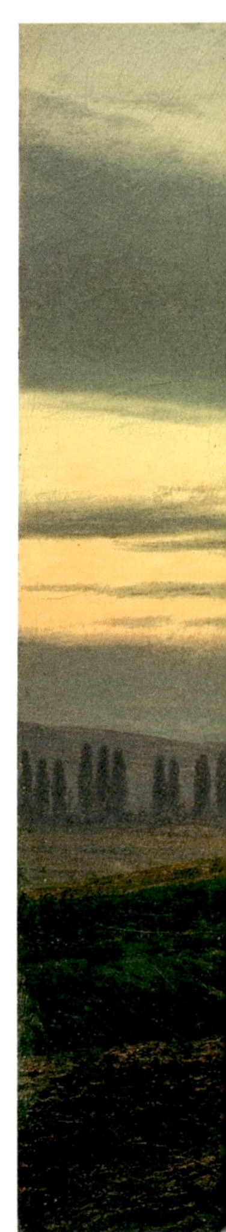

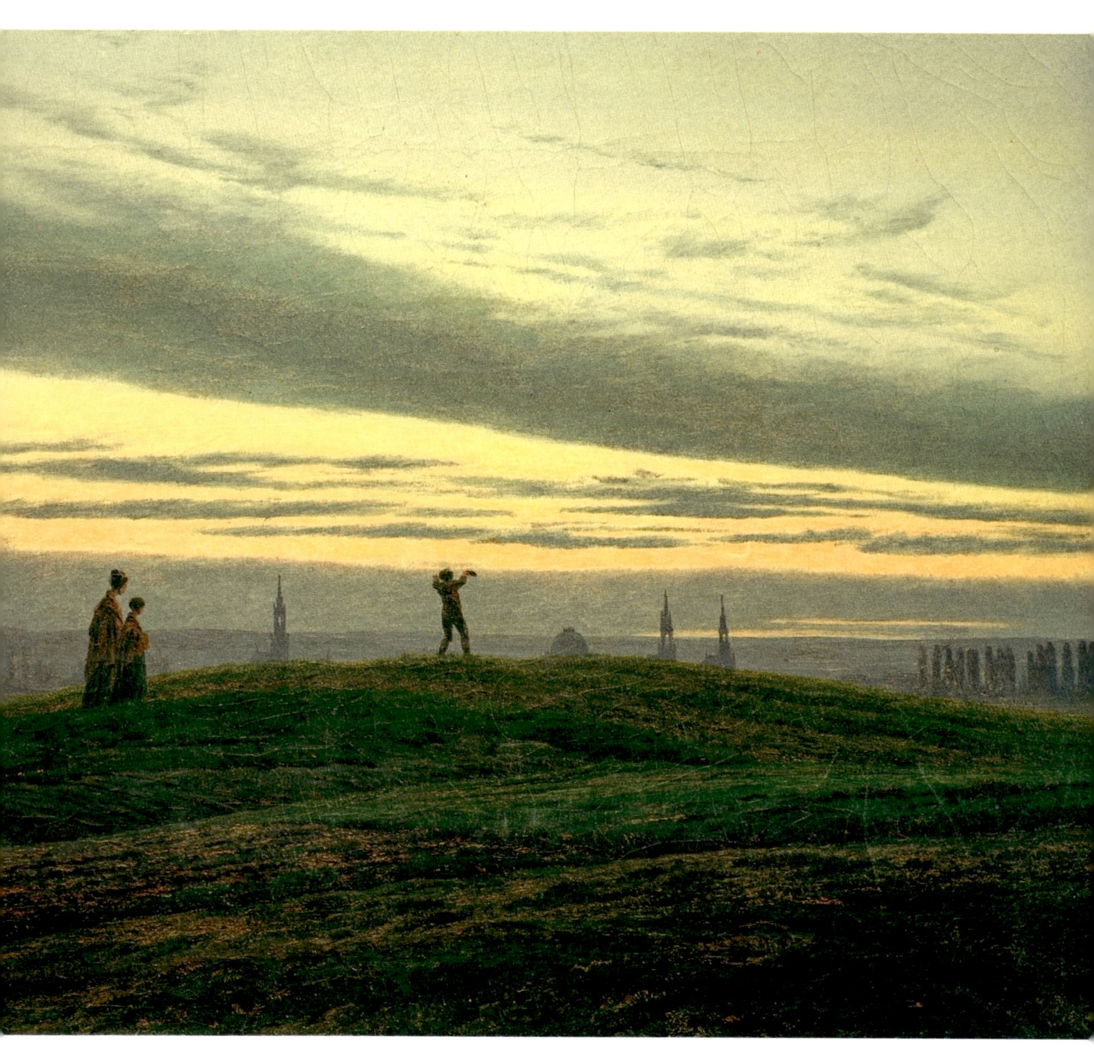

Der Abendstern (um 1830/33, Frankfurt a. M.)

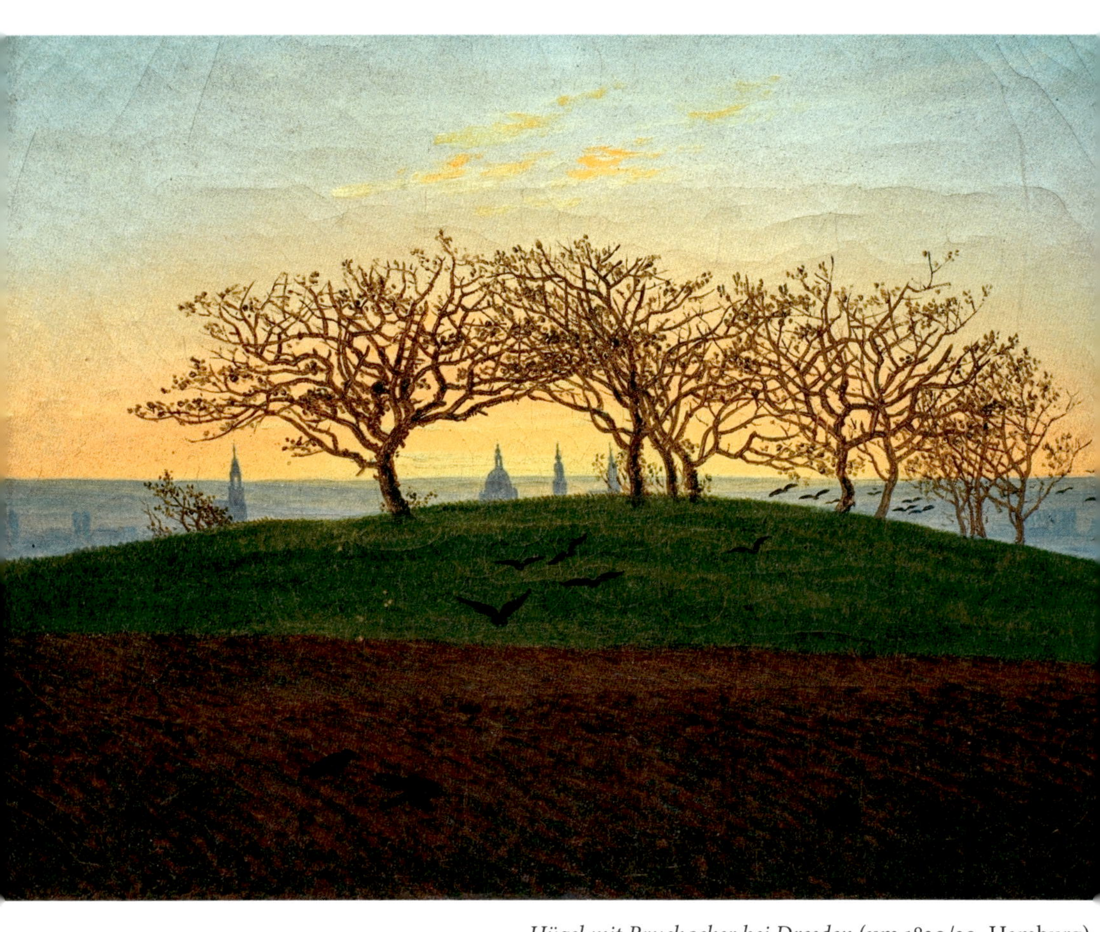

Hügel mit Bruchacker bei Dresden (um 1820/30, Hamburg)

OTTO HEINRICH GRAF VON LOEBEN

Abends

Leuchten nicht die Sterne nieder?
Klangen nicht die Töne wieder?
Abend sinkt, wie gestern, nieder,
Doch das Gestern kehrt nicht wieder!

ACHIM VON ARNIM

Als ich im Grase noch spielte,
Sah ich den Himmel nicht an;
Ob er da glühte und kühlte,
Nimmermehr fühlt ich den Bann,
Der über den Bergen und Talen
Wirket in ewigen Zahlen.

Winter war freundlich willkommen,
Brachte der Früchte so viel,
Frühling war nimmer beklommen;
Selig verarmt das Gefühl
In Jahren, die fröhlich vergessen,
Glücklich, wer gar nichts besessen.

Seit ich im Herzen vermählet
Seufz im vermauerten Haus,
Hab ich den Himmel erwählet,
Ahne die Wolken voraus,
In ihnen ist ewig Entstehen,
In mir ist ein irdisch Vergehen.

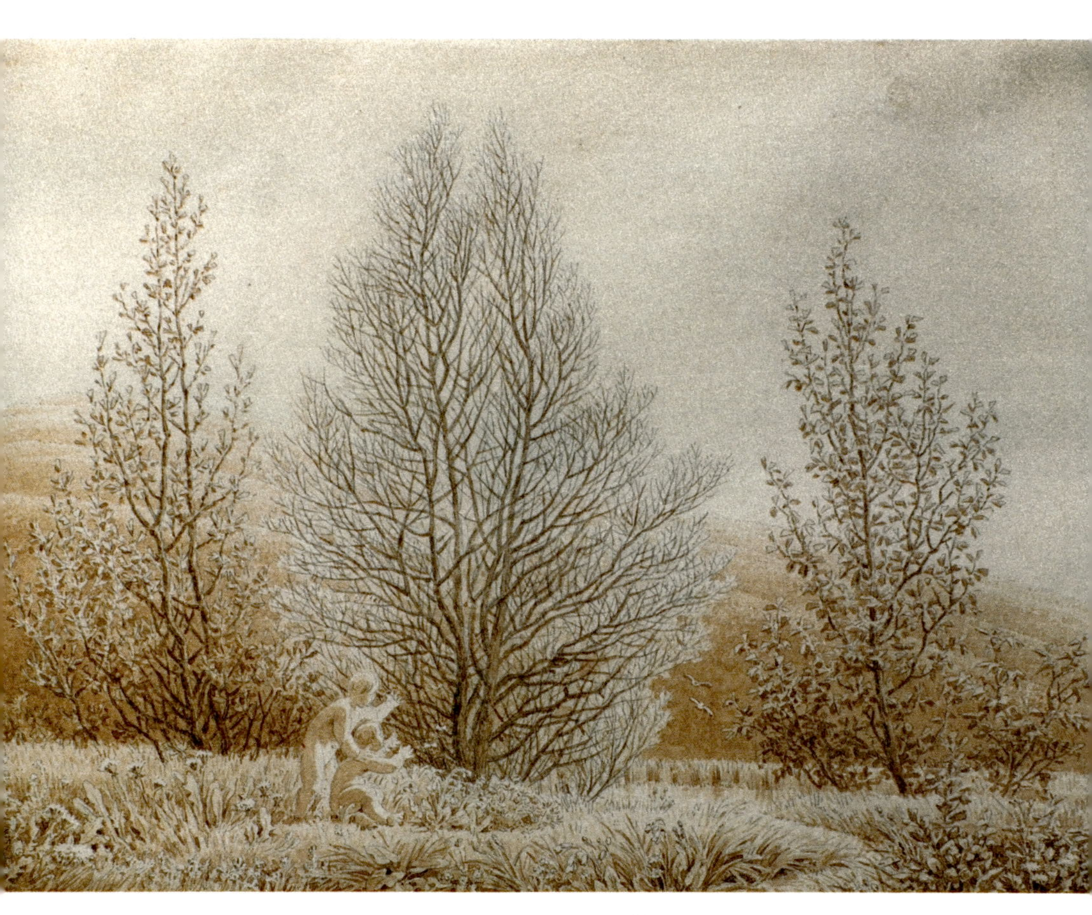

Der Frühling (Zeichnung Sepia, 1826, Hamburg)

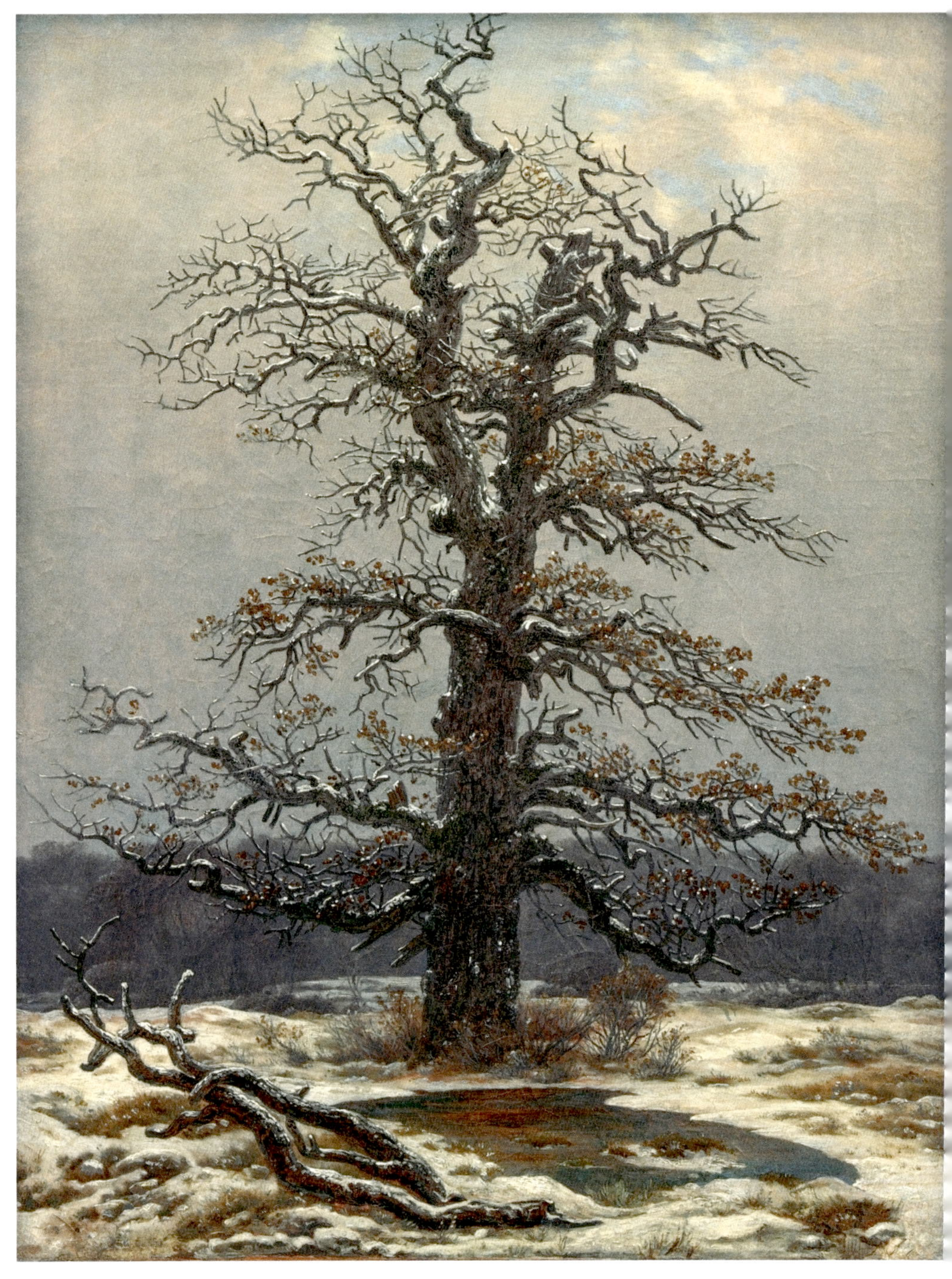

Eiche im Schnee (um 1827/28, Köln)

JOSEPH VON EICHENDORFF

Winternacht

Verschneit liegt rings die ganze Welt,
Ich hab nichts, was mich freuet,
Verlassen steht der Baum im Feld,
Hat längst sein Laub verstreuet.

Der Wind geht nur bei stiller Nacht
Und rüttelt an dem Baume,
Da rührt er seinen Wipfel sacht
Und redet wie im Traume.

Er träumt von künft'ger Frühlingszeit,
Von Grün und Quellenrauschen,
Wo er im neuen Blütenkleid
Zu Gottes Lob wird rauschen.

ABSCHIED UND ERINNERUNG

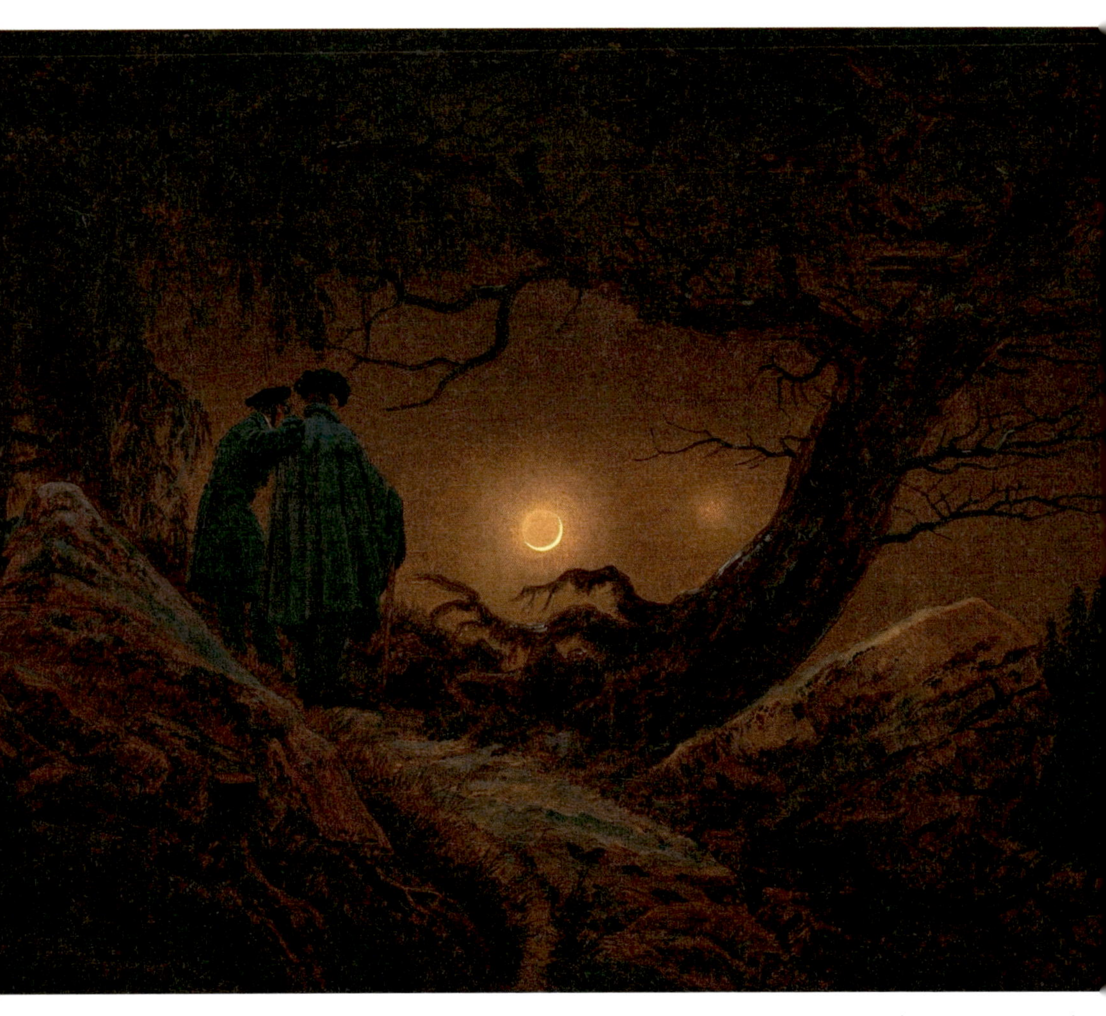

Zwei Männer in Betrachtung des Mondes (1819/20, Dresden

WILHELM VON EICHENDORFF

Bruder, an die alten Zeiten,
An die längstversunkne Welt,
Mahnt Dein Brief und schneidend gleiten
Seine Worte, ernst gestellt,
Tief mit der Erinnrung Schmerzen
Zu dem einsam stillen Herzen.
Fern und einsam hingestellt
Zwischen den beeisten Klippen,
Sehn ich mich mit heißen Lippen
Nach dem Strom der alten Welt.
Wenig ist zurückgeblieben
Von des Sängers alten Trieben,
Von dem heimatlichen Port.
Nur noch ein'ge Liebeswunden
Aus den lauen Sommerstunden
Bluten sanft und heimlich fort.

Wenn auf den beschneiten Matten
Wie ein Geist die Wolkenschatten
Durch die Mondenhelle ziehn,
Bangt mir vor dem fremden Lande,
Lösen möcht ich alle Bande,
Und zu Deinem Herzen fliehn.
Doch die kühnen Felsenzacken,
Wie im Sturm das zorn'ge Meer,
Beugen nicht den grauen Nacken,
Halten Wache um mich her.
Grüße unsres Kampfs Genossen;
Ihnen auf den Flügelrossen
Reich ich meines Grams Gedicht!
Ob in diesem ew'gen Wehe
Ich verderbend untergehe,
Ob ich siegend auferstehe,
Gott, ich weiß es selber nicht!

HELMINA VON CHÉZY

Ach, wie wär's möglich dann,
Dass ich dich lassen kann!
Hab dich so herzlich lieb,
Das glaube mir!
Du hast das Herze mein
Ganz mir genommen ein,
Dass ich kein andre lieb,
Als dich allein!

Blau blüht ein Blümelein,
Das heißt Vergiss nicht mein,
Das Blümlein leg ans Herz,
Und denk an mich!
Stirbt Blum und Hoffnung gleich,
Wir sind an Liebe reich,
Denn die stirbt nicht bei mir,
Das glaube mir!

Wär ich ein Vögelein,
Bald wollt ich bei dir sein,
Scheut Falk' und Habicht nicht,
Flög schnell zu dir.
Schöss mich ein Jäger tot,
Fiel ich in deinen Schoß,
Sähst du mich traurig an,
Gern stürb ich dann!

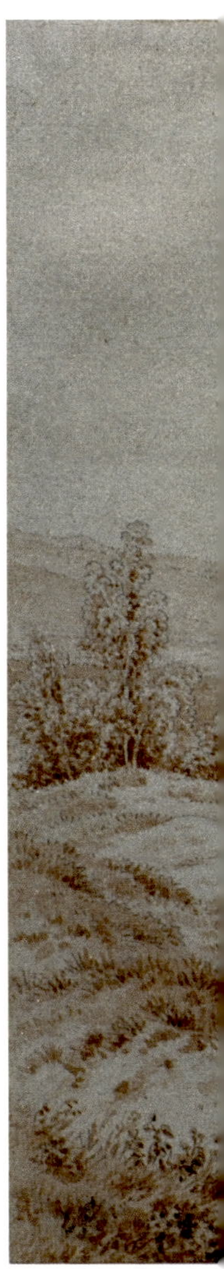

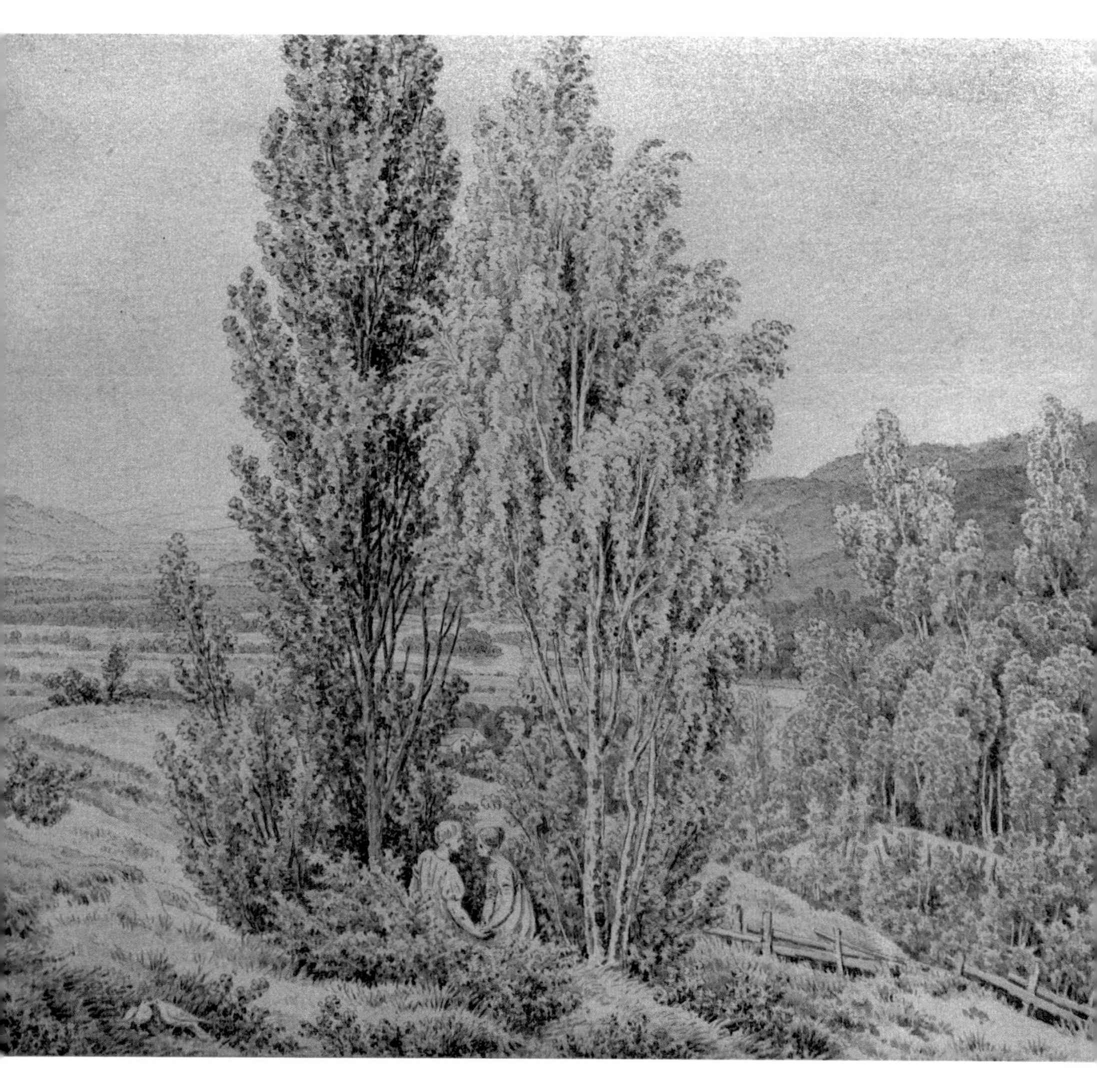

Der Sommer (1826, Hamburg)

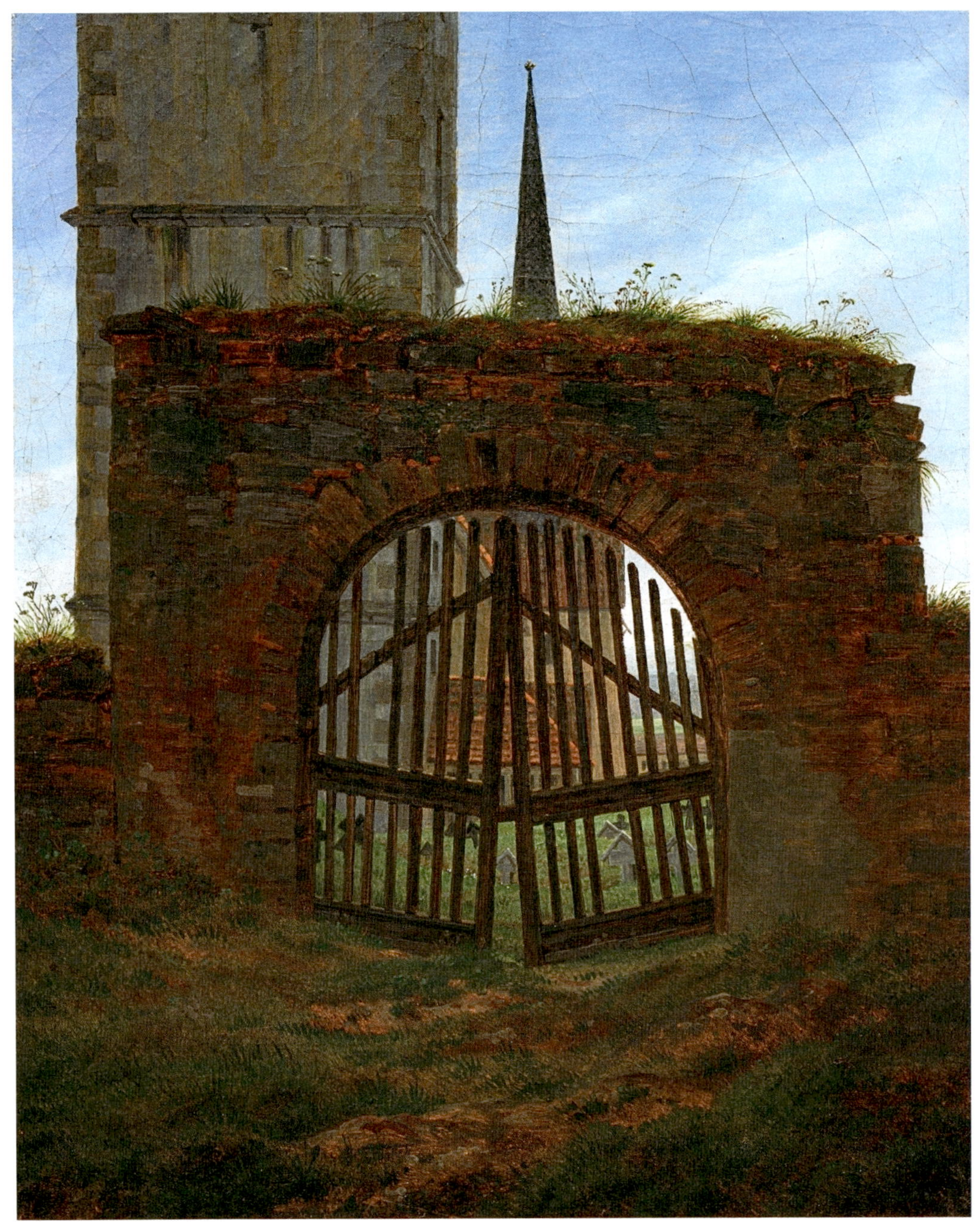

Das Friedhofstor (um 1825/30, Bremen)

ACHIM VON ARNIM

Hatte nicht der frische Morgen
Dich in seinem Arm gewiegt,
Haben dich die müden Sorgen
Vor dem Abend schon besiegt.

Hatte nicht die Sonnenhelle
Dich mit ihrem Strahl umspielt,
Müde liegst du an der Schwelle
Einer Nacht, die alle kühlt.

Hatten nicht des Muts Gedanken
Dich zum Heitern Tanz geführt,
Mussten deine Tritte wanken,
Als dein Herz da tief gerührt.

Hatten nicht die frohen Töne
Deine Stirne kühl umkränzt,
Ach, wo ist nun alles Schöne,
Wo dein Blick, der uns umglänzt?

Hatte nicht die erste Liebe
Dich mit süßem Wort geweckt;
Ach, bald ist's die letzte Liebe,
Die mit Erde dich bedeckt.

AUGUST WILHELM SCHLEGEL

Auf der Reise

Von ferne kommt zu mir die trübe Kunde.
Es trennt mich ein Gebirg mit Wald und Klüften,
Blau dämmernd in des Horizontes Düften,
Von dort, wo ich erlitt die Todeswunde.

Da mach ich auf die Wandrung mich zur Stunde:
Wo Bäche stürzend rauschen in den Schlüften,
Wo Felsen sich gewölbt zu dunkeln Grüften,
Da ist der Pfad mit meinem Sinn im Bunde.

Hier reiste jüngst hindurch. die ich betraure,
Nicht achtend auf des schroffen Wegs Beschwerde;
Zur heitern Landschaft südlich hingezogen.

Mai war's, nun heißt es Sommer, und ich schaure
Von kaltem Sturm; ihr ward zum Grab die Erde:
Der Lenz hat Allen, Jugend *ihr* gelogen.

Felsenschlucht (im Elbsandsteingebirge) (1822/23, Wien)

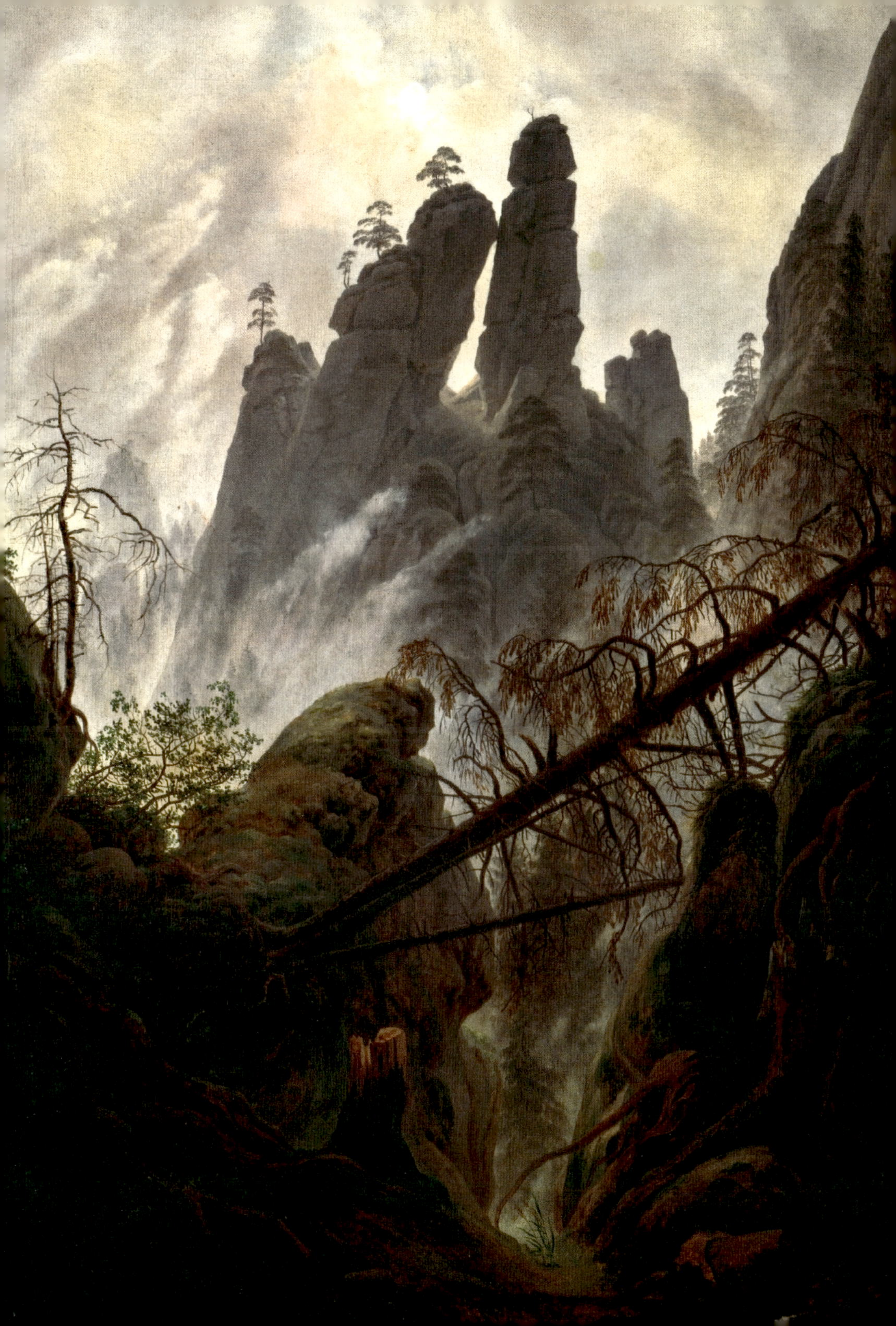

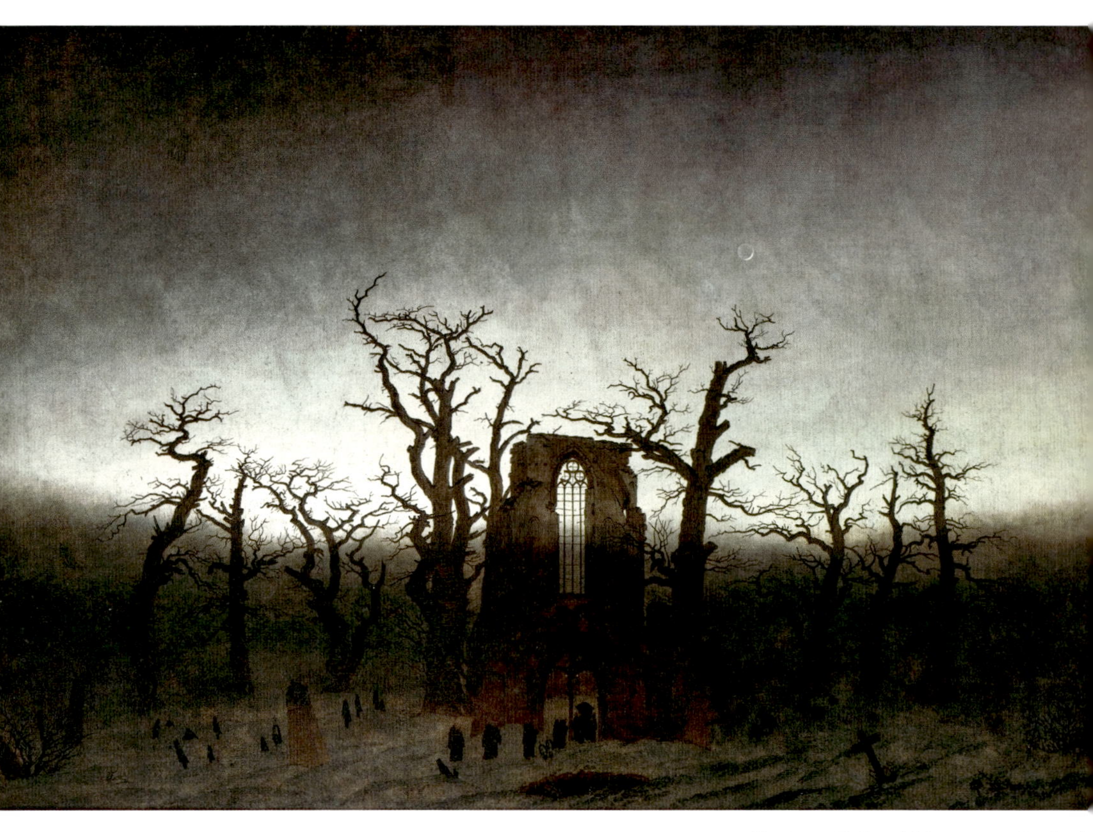

Abtei im Eichwald (1809–10, Berlin)

CLEMENS BRENTANO

Nicht alle wissen so wie du zu schauen
Du Landschaftsmaler bei dem Doktor Faust,
Der du den Hexen Nebelbrücken baust
Durch winterlichen Kirchhofs frostig Grauen

Die Münche ziehn zur Gruft, es scheint zu tauen
Der kahle Baum greift in die Nacht, es saust
Ein kalter Wind, und unterirdisch haust
In Trümmern tief ein Kreuz, und gibt Vertrauen

Zwei Lichter schimmern irre bei der Wahrheit
(Die Totenkreuze starren auf den Hügeln)
Gefroren ist der Atem, den man hauchet
Zu ernst zum Fliehen und zu kalt zum Knien
(Und oben liegt des Himmels blaue Klarheit)

Du gleichst der Schwalbe, die mit grauen Flügeln
Den Himmel streift, die Brust ins Wasser tauchet
Warum willst du denn nimmer mit ihr ziehen.

JOSEPH VON EICHENDORFF

Der Jäger Abschied

Wer hat dich du schöner Wald,
Aufgebaut so hoch da droben?
Wohl den Meister will ich loben,
So lang noch mein' Stimm' erschallt.
Lebe wohl,
Lebe wohl, du schöner Wald!

Tief die Welt verworren schallt,
Oben einsam Rehe grasen,
Und wir ziehen fort und blasen,
Dass es tausendfach verhallt:
Lebe wohl,
Lebe wohl, du schöner Wald!

Banner, der so kühle wallt!
Unter deinen grünen Wogen
Hast du treu uns auferzogen,
Frommer Sagen Aufenthalt!
Lebe wohl,
Lebe wohl, du schöner Wald!

Was wir still gelobt im Wald,
Wollen's draußen ehrlich halten,
Ewig bleiben treu die Alten:
Deutsch Panier, das rauschend wallt,
Lebe wohl,
Schirm dich Gott, du schöner Wald!

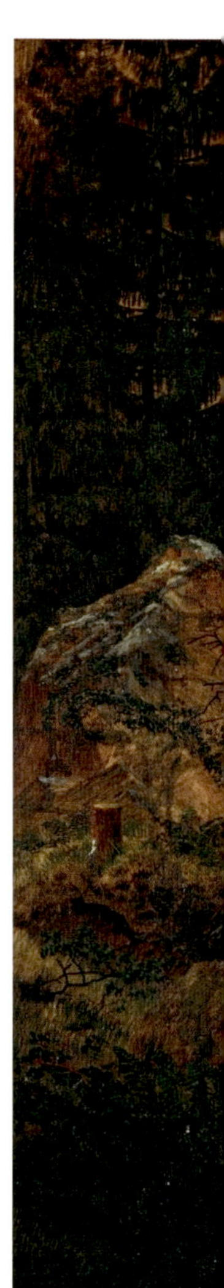

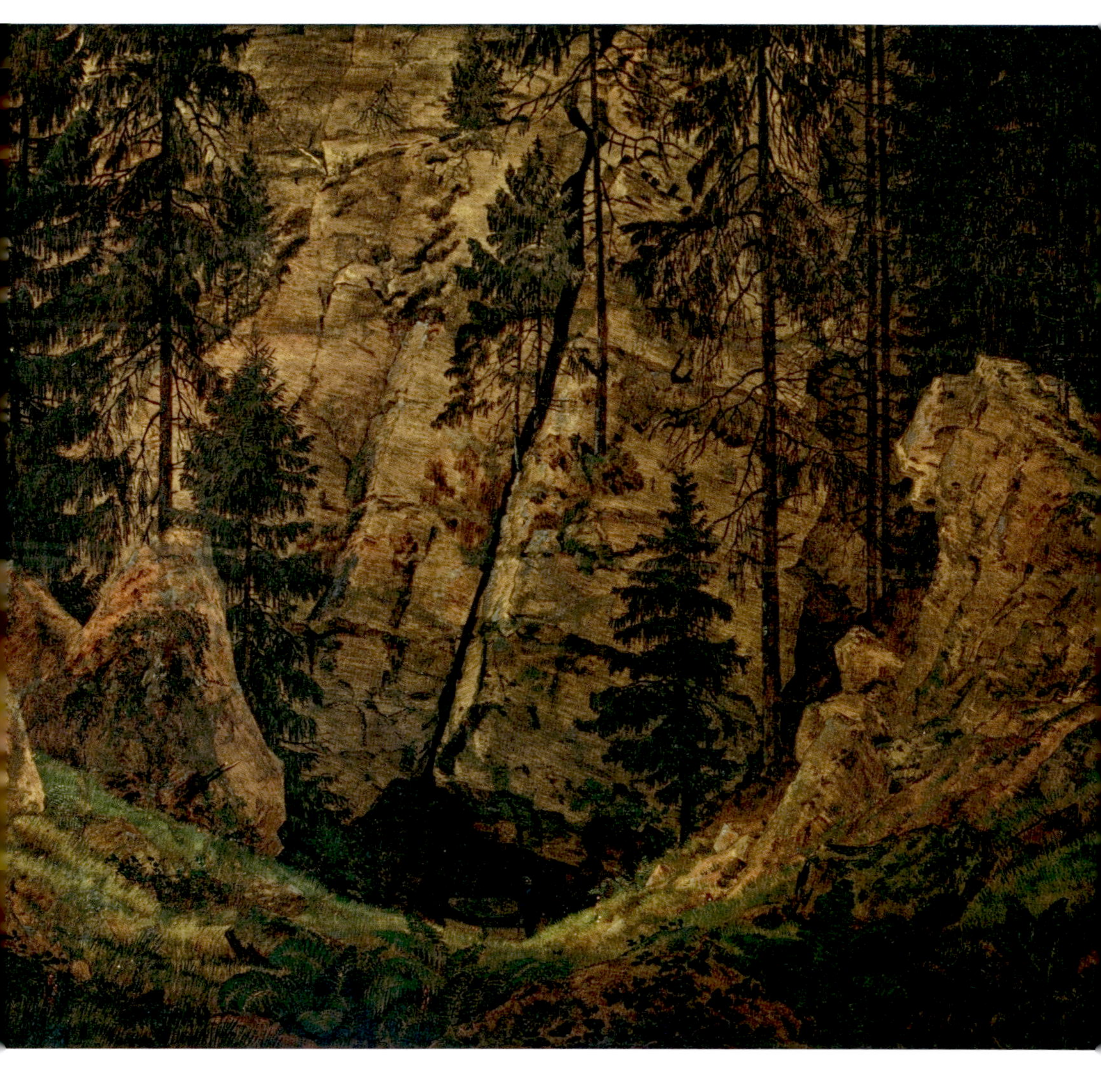

Felsental (Das Grab des Arminius) (um 1813/14, Bremen)

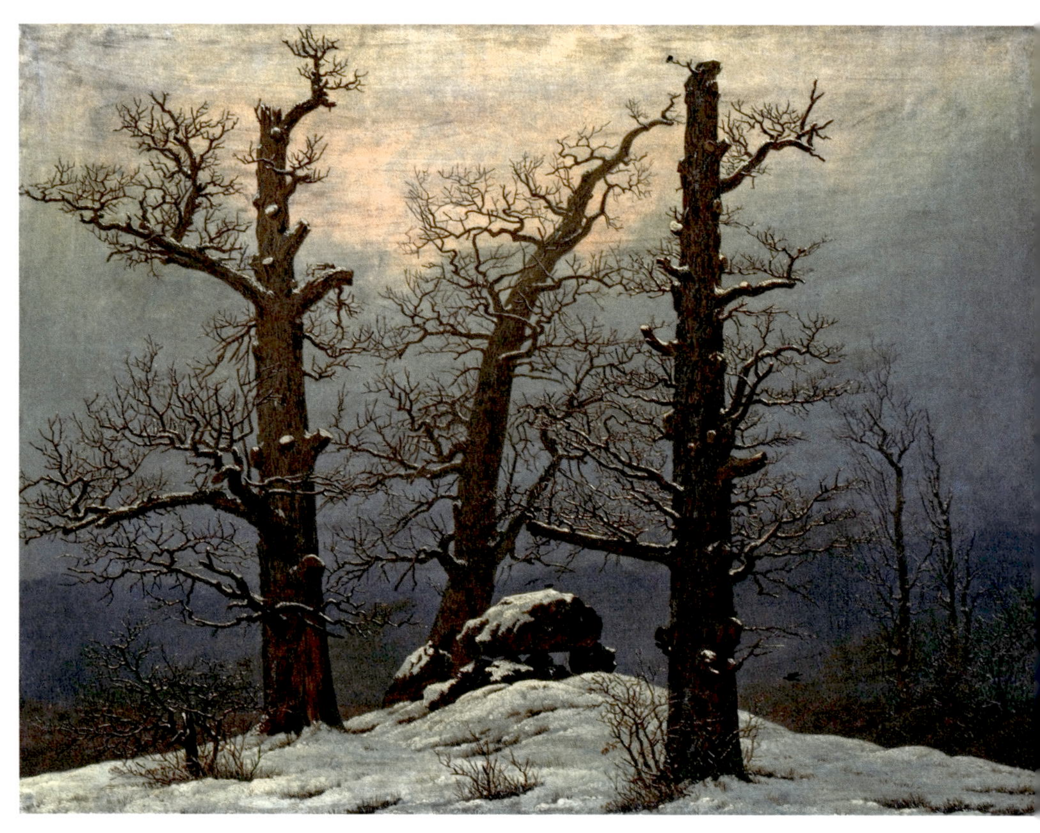

Hünengrab im Schnee (um 1807, Dresden)

THEODOR KÖRNER

Die Eichen

Abend wird's, des Tages Stimmen schweigen,
Röter strahlt der Sonne letztes Glühn;
Und hier sitz ich unter euren Zweigen,
Und das Herz ist mir so voll, so kühn!
Alter Zeiten alte treue Zeugen,
Schmückt euch doch des Lebens frisches Grün,
Und der Vorwelt kräftige Gestalten
Sind uns noch in eurer Pracht enthalten.

Viel des Edlen hat die Zeit zertrümmert,
Viel des Schönen starb den frühen Tod,
Durch die reichen Blätterkränze schimmert
Seinen Abschied dort das Abendrot.
Doch um das Verhängnis unbekümmert,
Hat vergebens euch die Zeit bedroht,
Und es ruft mir aus der Zweige Wehen:
»Alles Große muss im Tod bestehen!«

Und ihr *habt* bestanden! – Unter allen
Grünt ihr frisch und kühn mit starkem Mut.
Wohl kein Pilger wird vorüberwallen,
Der in euerm Schatten nicht geruht.
Und wenn herbstlich eure Blätter fallen:
Tot auch sind sie euch ein köstlich Gut,
Denn verwesend werden eure Kinder
Eurer nächsten Frühlingspracht Begründer.

Schönes Bild von alter deutscher Treue,
Wie sie bessre Zeiten angeschaut,
Wo in freudig kühner Todesweihe
Bürger ihre Staaten festgebaut!
Ach was hilft's, dass ich den Schmerz erneue?
Sind doch alle diesem Schmerz vertraut!
Deutsches Volk, du herrlichstes vor allen,
Deine Eichen stehn – du bist gefallen!

THEODOR KÖRNER

Das Lützowsche Freikorps

Was glänzt dort vom Walde im Sonnenschein?
Hör's näher und näher brausen
Es zieht sich herunter in düstern Reihn
Und gellende Hörner schmettern drein
Und erfüllen die Seele mit Grausen
Und wenn ihr die schwarzen Gesellen fragt –
Es ist *Lützows* wilde verwegene Jagd!

Was streift dort durch den finstern Wald?
Was jaget von Bergen zu Bergen?
Es legt sich in nächtlichen Hinterhalt
Das Hurra! jauchzet, die Büchse knallt
Es stürzen die fränkischen Schergen!
Und wenn ihr die schwarzen Jäger fragt –
Es ist *Lützows* wilde verwegene Jagd!

Wo die Reben glühn, dort brauset der Rhein
Der Wütrich geborgen sich meinte,
Was nahet aber dort im Gewitterschein
Und stürzt sich mit kräftigem Arme hinein
Und springet ans Ufer der Feinde?
Und wenn ihr die schwarzen Schwimmer fragt –
Es ist *Lützows* wilde verwegene Jagd!

Was tobet im Tale die laute Schlacht?
Was schlagen die Schwerter zusammen?
Die schwarzen Kämpen, die schlagen die Schlac
Und der Funke der Freiheit ist glühend erwacht
Und lodert in blutigen Flammen
Und wenn ihr die schwarzen Kämpen fragt –
Es ist *Lützows* wilde verwegene Jagd!

Was scheidet dort röchelnd vom Sonnenlicht
Unter tausend Feinde gebettet?
Es zuckt der Tod auf dem Angesicht
Doch das mutige Herz erzittert nicht
Das Vaterland ist ja gerettet!
Und wenn ihr die schwarzen Gefallnen fragt –
Es ist *Lützows* wilde verwegene Jagd!

Die wilde Jagd, und die deutsche Jagd
Nach Henkersblut und Tyrannen!
Drum, die ihr uns liebt nicht geweint und gekla
Das Land ist ja frei, und der Morgen tagt
Und wenn wir's auch sterbend gewannen.
Und von Enkeln zu Enkeln sei's nachgesagt:
Das war *Lützows* wilde verwegene Jagd!!!

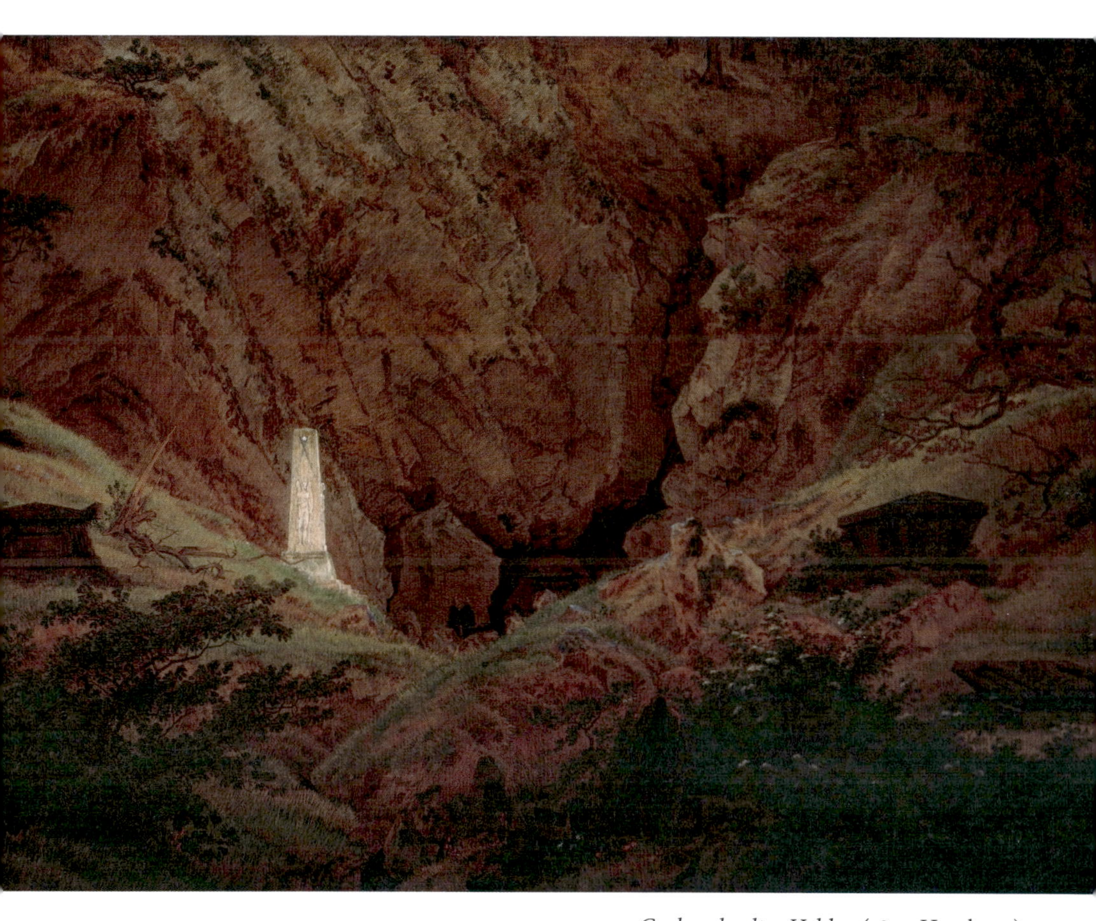

Grabmale alter Helden (1812, Hamburg)

DER ROMANTISCHE KÜNSTLER

LUDWIG TIECK

Die Seele des Künstlers

So ist die Seele des Künstlers oft von wunderlichen Träumereien befangen, denn jeder Gegenstand der Natur, jede bewegte Blume, jede ziehende Wolke ist ihm eine Erinnerung oder ein Wink in die Zukunft. Heereszüge von Luftgestalten wandeln durch seinen Sinn hin und zurück, die bei den übrigen Menschen keinen Eingang antreffen: besonders ist der Geist des Dichters ein ewig bewegter Strom, dessen murmelnde Melodie in keinem Augenblicke schweigt, jeder Hauch rührt ihn an und lässt eine Spur zurück, jeder Lichtstrahl spiegelt sich ab, er bedarf der lästigen Materie am wenigsten und hängt am meisten von sich selber ab, er darf in Mondschimmer und Abendröte seine Bilder kleiden und aus unsichtbaren Harfen niegehörte Töne locken, auf denen Engel und zarte Geister herniedergleiten, und jeden Hörer als Bruder grüßen […].

Neubrandenburg (1817/18, Greifswald)

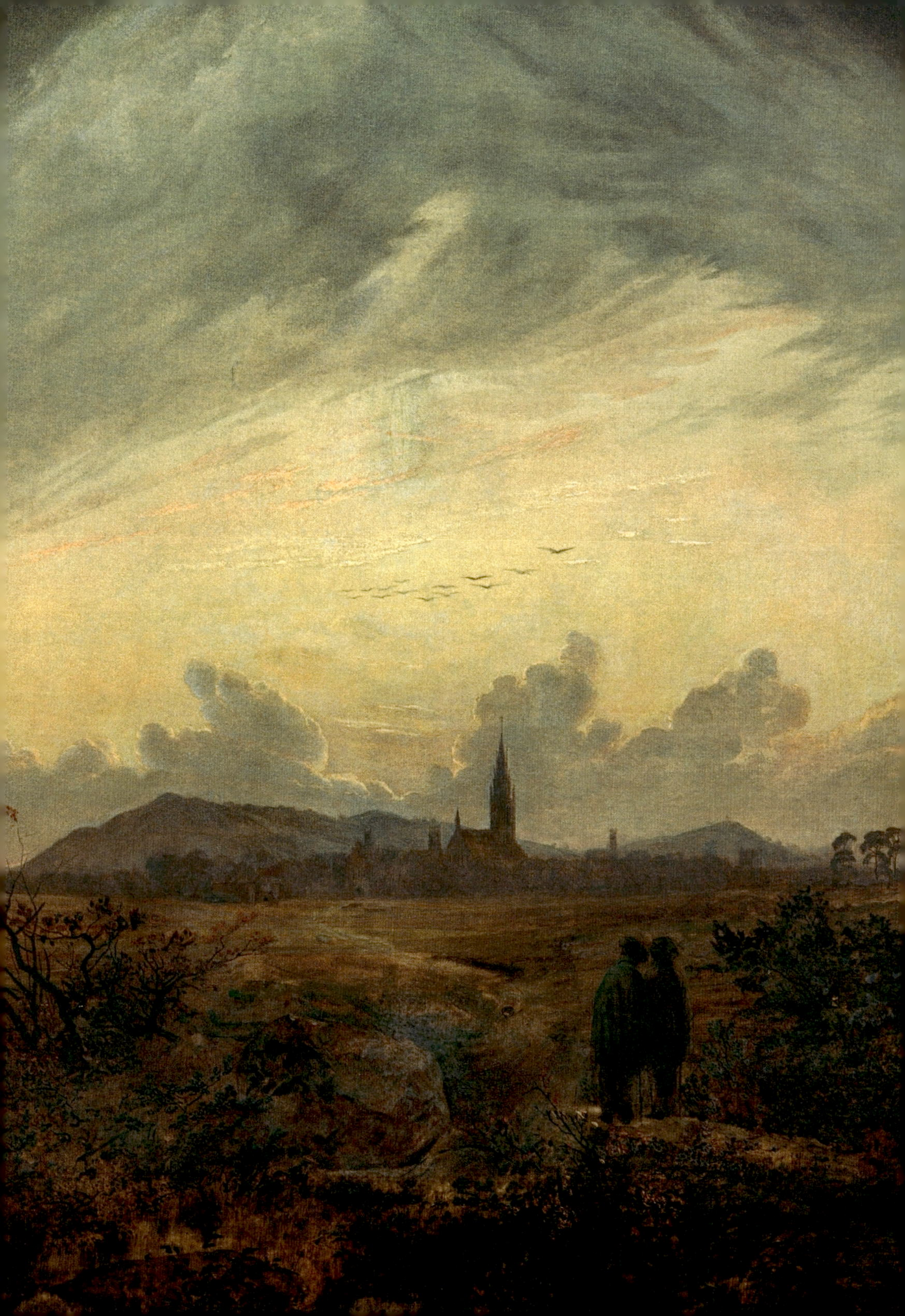

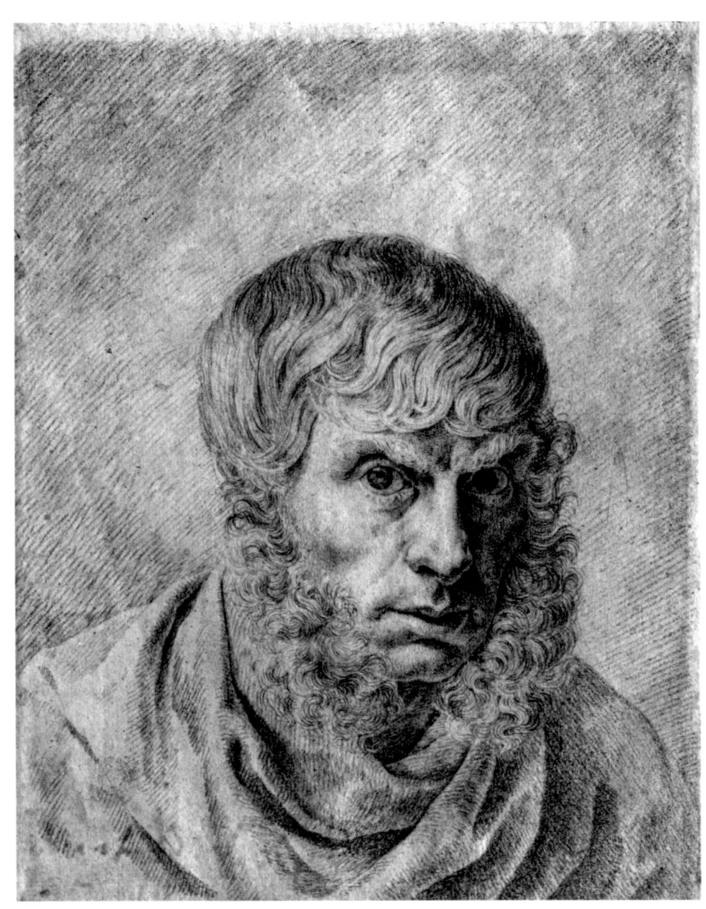

Selbstbildnis (um 1818/20, Berlin)

CARL GUSTAV CARUS

Lebenserinnerungen

Gebürtig vom Strande der Ostsee, eine recht scharf gezeichnete norddeutsche Natur mit blondem Haar und Backenbart, einem bedeutenden Kopfbau und von hagerm, stark knochigem Körper, trug er einen eigenen melancholischen Ausdruck in seinem meist bleichen Gesicht, dessen blaues Augenpaar so tief unter dem stark vorspringenden Orbitalrande und buschigen, ebenfalls blonden Augenbrauen verborgen lag, dass darin schon der Blick des die Lichtwirkung im höchsten Grade konzentrierenden Malers sehr charakteristisch sich erklärt fand.

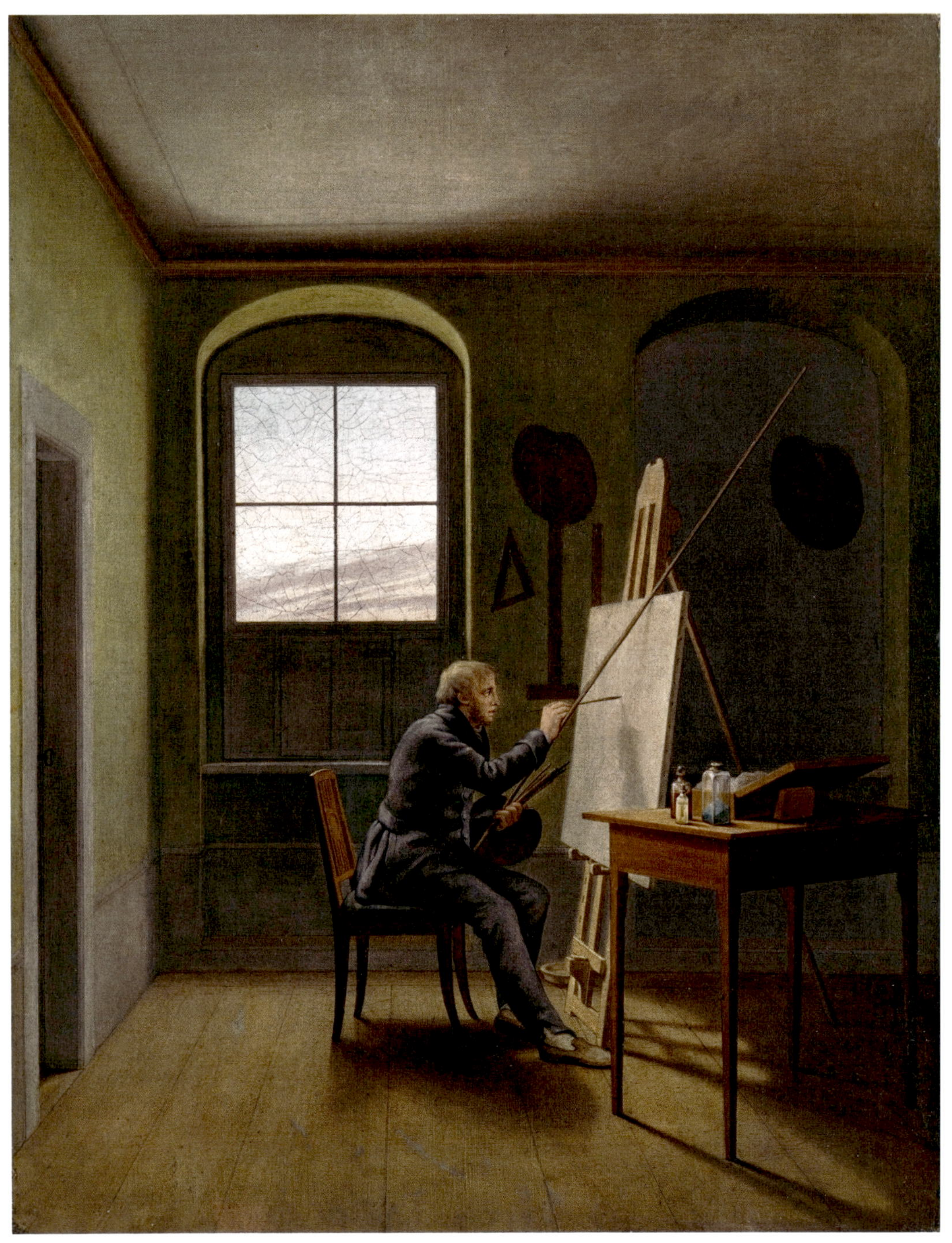

Friedrich Georg Kersting: Caspar David Friedrich in seinem Atelier (1819, Mannheim)

GOTTHILF HEINRICH VON SCHUBERT

Selbstbiografie

Friedrich wohnte draußen an der Pirna'schen Vorstadt in einem nahe bei der Elbe gelegenen Hause, welches, wie die meisten Häuser in der Nachbarschaft, Leuten von geringem Vermögen zugehörte. Die Einrichtung in seinem Zimmer schickte sich ganz gut zu dieser Nachbarschaft; man sah da nichts als einen hölzernen Stuhl und einen Tisch, auf welchem die Gerätschaften seiner Arbeit standen. Kam einer zu ihm, den er wollte sitzen lassen, dann wurde aus der Kammer noch ein alter hölzerner Stuhl, und wenn zwei kamen, eine hölzerne Bank von dem Vorplatz bei der Treppe herbeigetragen. Denn in der Kammer fand sich außer dem alten Stuhle auch nichts, als ein diesem ebenbürtiger Tisch und ein Bett, über welches eine wollene Decke ausgebreitet lag.

WILHELM MÜLLER

Die böse Farbe

Ich möchte ziehn in die Welt hinaus,
Hinaus in die weite Welt,
Wenn's nur so grün, so grün nicht wär
Da draußen in Wald und Feld!

Ich möchte die grünen Blätter all
Pflücken von jedem Zweig,
Ich möchte die grünen Gräser all
Weinen ganz totenbleich.

Ach Grün, du böse Farbe du,
Was siehst mich immer an,
So stolz, so keck, so schadenfroh,
Mich armen weißen Mann?

Ich möchte liegen vor ihrer Tür,
In Sturm und Regen und Schnee,
Und singen ganz leise bei Tag und Nacht
Das eine Wörtchen Ade!

Horch, wenn im Wald ein Jagdhorn ruft,
Da klingt ihr Fensterlein,
Und schaut sie auch nach mir nicht aus,
Darf ich doch schauen hinein.

O binde von der Stirn dir ab
Das grüne, grüne Band,
Ade, Ade! und reiche mir
Zum Abschied deine Hand!

Friedrich Georg Kersting:
Caspar David Friedrich
auf einer Fußreise im Riesengebirge
(1810, Berlin)

d. 18h July 1810. –
George Kersting

Hr. Caspar David Friedrich
gezeichnet von
G. Kersting 1810.
Mahler in Meißen auf
d. Fußreise in'd Riesengebirge

VERZEICHNIS DER TEXTE UND DRUCKVORLAGEN

Die Orthographie wurde behutsam und unter Wahrung des Lautstands modernisiert. Die Interpunktion folgt den Druckvorlagen. Unterstreichungen und Sperrungen sind einheitlich durch Kursivierung wiedergegeben.

ACHIM VON ARNIM (1781–1831)

A. v. A.: Mir ist zu licht zum Schlafen. Hrsg. von Gerhard Wolf. Berlin: Der Morgen, 1983. S. 16 (1), S. 31 (2). S. 44 f. (4). | A. v. A.: Die Erzählungen und Romane. Hrsg. von Hans-Georg Werner. Bd. 4: Die Kronenwächter. Leipzig: Insel, 1984. S. 382 f. (3).

BETTINE VON ARNIM (1785–1859)

Adolf Bach: Neue Quellen zur Geistesgeschichte des 18. und 19. Jahrhunderts. 1. Neues aus dem Kreise La Roche – Brentano. In: Euphorion 27 (1926) S. 332 (1). | Zeitung für Einsiedler. 11. Mai 1808 (2).

CLEMENS BRENTANO (1778–1842)

C. B.: Werke. Bd. 1. München: Hanser, [1963–1968]. S. 125 f. (1). | C. B.: Gedichte. Hrsg. von Hartwig Schultz. Stuttgart: Reclam, 1995. S. 81 (2).

CARL GUSTAV CARUS (1789–1869)

C. G. C.: Lebenserinnerungen und Denkwürdigkeiten. Bd. 1, 1. Tl. Leipzig: Brockhaus, 1865. S. 205 f.

HELMINA VON CHÉZY (1783–1856)

Eginhard und Emma. Ein Spiel mit Gesang von Helmina von Chézy, geb. von Klenck. In: Urania. Taschenbuch für Damen auf das Jahr 1817. Leipzig/Altenburg. S. 161.

JOSEPH VON EICHENDORFF (1788–1857)

42 (6) *Wenn du am Felsenhange standst alleine*
63 (7) Mondnacht
100 (8) Abend
111 (9) Winternacht
124 (10) Der Jäger Abschied

J. v. E.: Gedichte. Berlin: [o. V.], 1837. S. 380 (1), S. 36 f. (5), S. 391 (7), S. 40 (8), S. 161 (10). | Gedichte von Joseph Freiherrn von Eichendorff. Berlin: Duncker und Humblot, 1837. (2), Nr. 10 (4). | J. v. E.: Werke in vier Bänden. Hrsg. von Wolfdietrich Rasch. München: Hanser, 1981. Bd. 1. S. 41 (3), S. 245 (6), S. 274 f. (9).

WILHELM VON EICHENDORFF (1786–1849)
115 *Bruder, an die alten Zeiten*

W. v. E.: Joseph Freiherr von Eichendorff. Sein Leben und seine Schriften. In: Joseph Freiherrn von Eichendorffs sämtliche Werke. Bd. 1: Biographische Einleitung und Gedichte. Leipzig ^{2}1864. S. 105 f.

FRIEDRICH DE LA MOTTE FOUQUÉ (1777–1843) /
26 (1) *Sie steht, vom veilchenroten Kleid umwallt*
103 (2) *Saftgrünes Schilf baut hoch in Sees Runde*

F. d. l. M. F. / Caroline de la Motte Fouqué: Reise-Erinnerungen. 2 Bde. Dresden 1823. Bd. 1. S. 209 f. (1,2).

KAROLINE VON GÜNDERRODE (1780–1806)
81 Der Kaukasus

K. v. G.: Gesammelte Werke. 3 Bde. Berlin-Wilmersdorf: Goldschmidt-Gabrielli, 1920–1922. Bd. 2. S. 19.

HEINRICH HEINE (1797–1856)
30 (1) Fragen
68 (2) Die Götter Griechenlands
79 (3) *Ein Fichtenbaum steht einsam*
87 (4) Bergwanderung
93 (5) *Heller wird es schon im Osten*

H. H.: Gedichte. Hrsg. von Bernd Kortländer. Stuttgart: Reclam, 2005. S. 45 (1). | H. H.: Buch der Lieder. Hamburg: Hoffmann und Campe, 1827. S. 358–362. (2), S. 302 (5). | Reclams Buch der deutschen Gedichte. Vom Mittelalter bis ins 21. Jahrhundert. Ausgew. und hrsg. von Heinrich Detering. Stuttgart: Reclam, 2017. Bd. 1. S. 412 (3). | H. H.: Die Harzreise. Hrsg. von Manfred Windfuhr. Stuttgart: Reclam, 2003. S. 49 f. (4).

FRIEDRICH HÖLDERLIN (1770–1843)
72 (1) Die Eichbäume
94 (2) Des Morgens
98 (3) Abendphantasie

F. H.: Gedichte. Eine Auswahl. Hrsg. von Gerhard Kurz. Stuttgart: Reclam, 2003 [u. ö.]. S. 14 f. (1), S. 23 f. (2), S. 22 f. (3).

HEINRICH VON KLEIST (1777–1811)
55 Empfindungen vor Friedrichs Seelandschaft
Berliner Abendblätter. 13. Oktober 1810. 12. Blatt. S. 47 f.

THEODOR KÖRNER (1791–1813)
127 (1) Die Eichen
128 (2) Das Lützowsche Freikorps
T. K.: Leier und Schwert. In: T. K.: Werke. Bd. 1. Leipzig/Wien: Bibliograph. Inst., 1893. S. 72 f. (1). | Drei Deutsche Gedichte von Theodor Körner. Jäger beim Lützowschen Freikorps. Berlin 1813. [Unpaginierte Flugschrift.] (2).

OTTO HEINRICH GRAF VON LOEBEN (1786–1825)
107 Abends
Der Schwan. Poesieen aus dichterischer Jugend. Mitgetheilt von Isidorus (Otto Heinrich Graf von Loeben). Leipzig: Göschen, 1816. S. 61.

FRIEDRICH MÜLLER (1749–1825)
67 Schlummerlied für Amor
F. M. [Maler Müller]: Gedichte. Jena: [o. V.], 1873. S. 18 f.

WILHELM MÜLLER (1794–1827)
44 (1) Einsamkeit
138 (2) Die böse Farbe
W. M.: Siebenundsiebzig Gedichte aus den hinterlassenen Papieren eines Waldhornisten. Bd. 1. Dessau 1821. S. 77 f. (1.), S. 39 f. (2).

NOVALIS (d. i. Georg Friedrich Philipp Freiherr von Hardenberg; 1772–1801)
84 Auf dem Grenzgebürge der Welt
Athenaeum. Eine Zeitschrift von August Wilhelm Schlegel und Friedrich Schlegel. 3. Bd. 2. St. Berlin 1800. S. 188–204. Repr. in: Gedichte der Romantik. Hrsg. von Wolfgang Frühwald. Stuttgart: Reclam, 2018. S. 124 f. [Auszug.]

AUGUST GRAF VON PLATEN (1796–1835)
64 *Wie rafft ich mich auf in der Nacht, in der Nacht*
A. G. v. P.: Gesammelte Werke des Grafen August von Platen. Bd. 1. Stuttgart/Tübingen: J. G. Cotta, 1856. S. 91.

AUGUST WILHELM SCHLEGEL (1767–1845)
58 (1) Meine Wahl
120 (2) Auf der Reise
A. v. S.: Sämtliche Werke. Bd. 1. Leipzig: Weidmann, 1846. S. 321 f. (1), S. 129 f. (2).

FRIEDRICH SCHLEGEL (1772–1829)

82 (1) Die Berge

97 (2) Abendröte

Gedichte der Romantik. Hrsg. von Wolfgang Frühwald. Stuttgart: Reclam, 2018. S. 101 f. (1) | Musen-Almanach für das Jahr 1802. Hrsg. von August W. Schlegel / Ludwig Tieck. Tübingen: [o. V.], 1802. S. 133–157 (2).

GOTTHILF HEINRICH VON SCHUBERT (1780–1860)

137 Selbstbiografie

G. H. v. S.: Der Erwerb aus einem vergangenen und die Erwartungen von einem zukünftigen Leben. Eine Selbstbiographie. Bd. 2. Abt. 1. Erlangen 1855. S. 182.

JOHANN GABRIEL SEIDL (1804–1875)

47 Der Wanderer an den Mond

J. G. S.: Dichtungen. Tl. 2. Wien: Sollinger, 1826.

LUDWIG TIECK (1773–1853)

90 (1) Zeit

104 (2) Andacht

132 (3) Die Seele des Künstlers

L. T.: Gedichte. Teil 2. Hamburg: Lambert Schneider, 1967. S. 27 (1). | L. T.: Gedichte. Tl. 1. Heidelberg: Schneider, 1967. S. 91 f. (2). | L. T.: Franz Sternbalds Wanderungen. Studienausg. Hrsg. von Alfred Anger. Stuttgart: Reclam, 1966. S. 70 (3).

WILHELM HEINRICH WACKENRODER

50 Das Meer

Ludwig Tieck: Straußfedern. Bd. 6. Berlin/Stettin: Nicolai, 1797. S. 120 f.

ABBILDUNGSNACHWEIS

Für alle Abbildungen © akg-images.

54 Der Mönch am Meer: © akg-images / Joseph Martin.

66 Gedächtnisbild für Johann Emanuel Bremer: © akg-images / Erich Lessing.